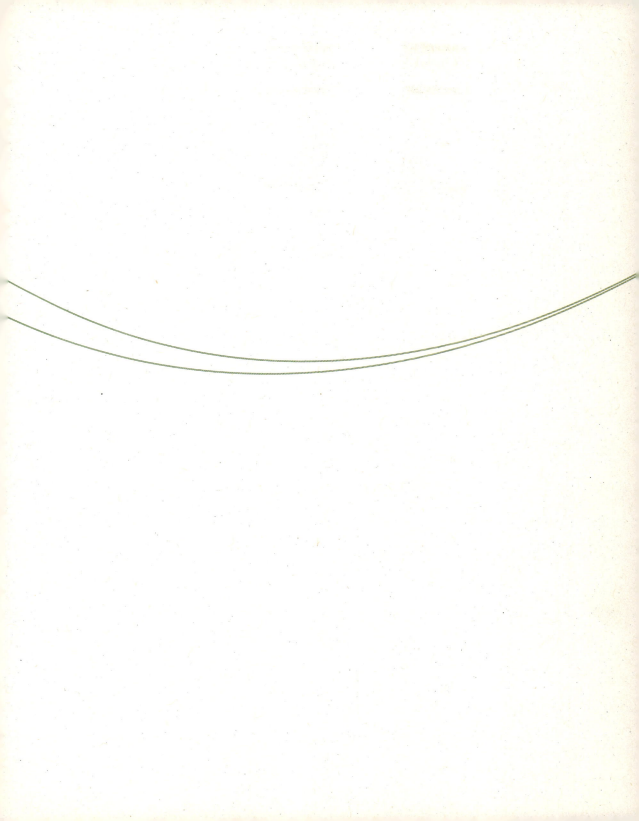

DESIGN HELPS

5 INHALTSVERZEICHNIS

6 VORWORT

8 RECHT FREIHEIT PFLICHT VERANTWORTUNG

11 DESIGN GESCHICHTE VERANTWORTUNG
Veränderung und Planung / Überleben durch Planung / Design und Industrie / Gegenbewegungen / Funktionalismus / Der Deutsche Werkbund / Das Bauhaus / Design im Dritten Reich / The American Way / Die Ulmer Schule / Die Gute Form / Konsumkritik / Prioritätensuche / 68er und Postmoderne / Kritik an der Postmoderne / Die 80er Jahre / Die 90er Jahre / First Things First 2000 / Globalisierung Heute

46 ETHIK MORAL DESIGN VERANTWORTUNG
Was ist Ethik? / Ethik im Design / Professionelle Leitlinien / Interdisziplinäre Initiative

52 WHAT THE FCKW? VERANTWORTUNG
Ökologie-Bewegung / Design und Ökologie / Green Design / Material World

58 HORIZONTAL ERWEITERTES GEWERBE
Design – aber für wen? / Neue Gefilde / Beispiele

83 TAKE IT TO THE STREETS VERANTWORTUNG
Politik und Design / Macht und Design / Kommunikationsstrategien / Politisches Grafikdesign

115 DIE SUCHE NACH EINER ANTWORT
Vorbemerkung / Gibt es Verantwortung im Design?

122 GESTALTUNG
Gestaltungsraster / Schriften / Farbe / Bildkonzept und Illustrationen / Papier

134 Fußnoten / Quellenangaben / Bildverweise / Dank / Impressum

VOR ANT WORT UNG

1997 veröffentlichte das Interaction Council, eine unabhängige Vereinigung ehemaliger Staatsoberhäupter der Welt mit Helmut Schmidt als Ehrenvorsitzendem, die »Allgemeine Erklärung der Menschenpflichten«. Diese Erklärung wurde in Zusammenarbeit mit Spezialisten aus unterschiedlichen Wissenschaften sowie geistigen und politischen Führungspersönlichkeiten ausgearbeitet und sollte als Gegenstück und Ergänzung zur Allgemeinen Erklärung der Menschenrechte dienen. Im selben Jahr wurde sie den Vereinten Nationen und der Weltöffentlichkeit zur Diskussion vorgelegt und in Deutschland von der »Zeit« erstmals veröffentlicht. In Anlehnung an die Formulierung der Menschenrechtserklärung zählt sie statt Rechten eine Reihe von Pflichten auf, die allen Menschen auferlegt sind.[1] In einer Vorbemerkung zur »Allgemeinen Erklärung der Menschenpflichten« wird eine Notwendigkeit von Menschenpflichten folgendermaßen erläutert:

»Der Begriff der Menschenpflichten dient [...] zum Ausbalancieren der Begriffe Freiheit und Verantwortung: Während Rechte mehr auf Freiheit bezogen sind, sind Pflichten mit Verantwortung verbunden. Trotz dieser Unterscheidung sind Freiheit und Verantwortung gegenseitig voneinander abhängig. Verantwortung, als eine ethische Qualität, dient als ein natürlicher, freiwilliger Test für Freiheit. In jeder Gesellschaft kann Freiheit nie ohne Grenzen ausgeübt werden. [...] Je größerer Freiheit wir uns erfreuen, desto mehr Verantwortung haben wir zu tragen, anderen wie uns selber gegenüber. Je mehr Talente wir besitzen, desto größer ist die Verantwortung, die wir haben, sie [...] ganz zu entwickeln. Wir müssen uns wegbewegen von der Freiheit der Indifferenz hin zur Freiheit des Engagements.«[2]

RECHT
FREIHEIT
PFLICHT
VER
ANT
WOR
TUNG

Die neunzehn Artikel der Allgemeinen Erklärung der Menschenpflichten richten sich an alle Menschen – und dabei häufig an ihre unterschiedlichen Fähigkeiten und Professionen. Mehrere Artikel sprechen konkret die Designprofession an. Hier einige Beispiele:

Artikel 10:
»Alle Menschen haben die Pflicht, ihre Fähigkeiten durch Fleiß und Anstrengung zu entwickeln; sie sollen gleichen Zugang zu Ausbildung und sinnvoller Arbeit haben. Jeder soll den Bedürftigen, Benachteiligten, Behinderten und den Opfern von Diskriminierung Unterstützung zukommen lassen.«

Artikel 13:
»Keine Politiker, Beamte, Wirtschaftsführer, Wissenschaftler, Schriftsteller oder Künstler sind von allgemeinen ethischen Maßstäben entbunden, noch [...] andere Berufe, die Klienten gegenüber besondere Pflichten haben. Berufsspezifische [...] Ethikkodizes sollen den Vorrang allgemeiner Maßstäbe wie etwa Wahrhaftigkeit und Fairness widerspiegeln.«

Artikel 14:
»Die Freiheit der Medien, die Öffentlichkeit zu informieren und gesellschaftliche Einrichtungen [...] zu kritisieren [...], muss mit Verantwortung [...] gebraucht werden. Sie bringt eine besondere Verantwortung für genaue und wahrheitsgemäße Berichterstattung mit sich.[...]« [3]

Meiner Ansicht nach ist das Wort Pflicht zu negativ belegt, daher sollte man die Allgemeine Erklärung der Menschenpflichten und ihre Autoren durchaus kritisch hinterfragen. Dennoch werden hier einige Punkte wie beispielsweise das Gefüge aus Freiheit, Recht, Verantwortung und Pflicht angesprochen, die für die Definition des Begriffs Verantwortung in diesem Buch sehr wichtig sind.

Als Designer sollte man sich von diesen Pflichten genauso angesprochen fühlen wie jeder andere Mensch. Doch es ist für jede Profession notwendig, herauszufinden, wo und wie genau sie Einfluss auf die Welt und die Menschheit nimmt, wie das Verhältnis zwischen den ethischen Maßstäben der Profession und denen einer globalen Ethik ist, wo ihre Stärken und Schwächen liegen und wie der Mensch seiner Verantwortung gerecht werden kann, um seine »Menschenpflichten« zu erfüllen.

Für die Designprofession soll das in diesem Buch versucht werden. Gerade der Zusammenhang zwischen Design und Ethik ist rein formallogisch sogar ein sehr enger. Beide Disziplinen argumentieren immer normativ und sind deshalb zwangsläufig in eine derartige Diskussion eingebunden.[4] In diesem Buch soll gezeigt werden, inwiefern Design tatsächlich eine ganz spezielle Verantwortung im Sinne der Menschenpflichten (und auch darüber hinaus) übernehmen muss. Deutlich wird dabei auch das große Potenzial des Designs, seine besonderen Fähigkeiten positiv einzusetzen. Anhand von Beispielen soll anschaulich gemacht werden, wo die Auswirkungen von Design auf die Umwelt und das kulturelle und soziale Gefüge unserer Gesellschaft sichtbar werden und wie das Potenzial von Design für das Wohl der Menschheit und die Lösung von globalen Problemen eingesetzt werden kann. Designer müssen sich ihrer Macht bewusst werden und die sich daraus ergebende soziale und ökologische Aufgabe wahrnehmen um ihrer Profession verantwortungsvoll nachgehen zu können.

DESIGN GESCHICHTE VERANTWORTUNG

Veränderung und Planung

»Alle Menschen sind Designer. Alles was wir tun, beruht meist auf Design, denn Design bildet die Grundlage menschlichen Schaffens. Die Planung und Ausrichtung jeder Art von Tätigkeit auf ein gewünschtes, vorhersehbares Ziel stiftet den Designvorgang. [...] Das Verfassen epischer Dichtung, die Ausführung eines Wandgemäldes, das Malen eines Meisterwerks, die Komposition eines Konzerts, alles das ist Design. Aber es geht auch um Design, wenn eine Schreibtischschublade saubergemacht und neu eingerichtet wird, ein verklemmter Zahn gezogen, ein Apfelkuchen gebacken, die Mannschaft für ein Ballspiel im Hinterhof aufgestellt und ein Kind erzogen wird. [...] Design ist bewusstes Handeln zur Herstellung sinnvoller Ordnung. [...] Die höchste Aufgabe des Designs liegt darin, Umwelt und Geräte des Menschen zu verändern, und schließlich den Menschen selbst.« [5]

Diese Definition stammt von Victor Papanek aus seinem 1972 veröffentlichten Buch »Design for the Real World«. Sie geht vielen Designtheoretikern zu weit. Kritisiert wird an Papaneks Definition, dass sie dem Design die Professionalität abspricht, indem sie den Designprozess als natürliche, triviale Handlung jedes Menschen darstellt. John A. Walker schreibt dazu:

»Die Binsenweisheit, dass Planung und Entwurf in gewisser Weise an allem menschlichen Handeln teilhaben, missachtet den besonderen, professionellen Charakter, den Design in der modernen Welt angenommen hat [...].« [6]

Meiner Einschätzung nach sind Planung und Entwurf menschliche Überlebensstrategien, die unabhängig von der Profession eingesetzt werden, und obwohl ich einige der Kritikpunkte an Papaneks Definition durchaus nachvollziehen kann, möchte ich diese dennoch als Grundlage für meine Ausführungen nehmen. Papaneks Definition beinhaltet mehrere Argumente, die eine Notwendigkeit von Verantwortung im Design belegen. Die Definition weist durch ihre Aufzählung von einfachen Beispielen auf den universellen Wirkungsgrad von Design hin und erklärt diesen aus einer Perspektive, die die vielfältigen Einsatzbereiche von Designprozessen verdeutlicht. Für Papanek nimmt der Mensch in allem, was er tut, Einfluss auf seine Umwelt und sich selbst. Betrachtet man nun den Designer, wie von den Kritikern gewünscht, als professionellen Planer dieser Einflüsse, wie es Papanek durch die Worte »bewusst« und »sinnvoll« betont, so muss dieser Professionelle, zum Beispiel der Produktdesigner, Grafikdesigner, Architekt oder Modedesigner, auch die Fähigkeit besitzen, die Folgen seines Schaffens bewusst (professionell) zu planen.

Dies unterscheidet den professionellen Designprozess von der natürlichen Handlung eines Nichtprofessionellen und bringt für den professionellen Designer eine besondere Verantwortung mit sich.

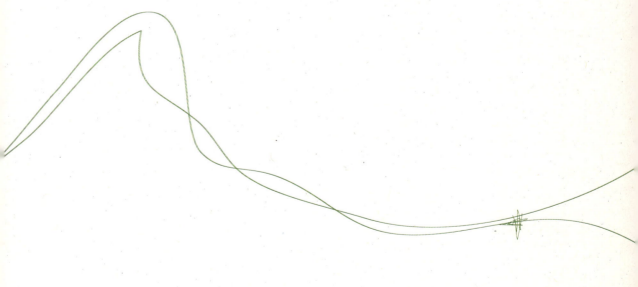

Überleben durch Planung

Design ist seit Urzeiten ein wesentlicher Teil menschlicher Strategien, die dazu dienen, die Probleme und Anforderungen des Lebens und Zusammenlebens zu lösen. Diese erste Erscheinungsform von Design,

»Design als Entwurf von Gebrauchsgegenständen[,] ist ein kulturelles Phänomen, welches seit den altsteinzeitlichen Kulturen bekannt ist.«[7]

In der Urzeit war der Designer jedoch meist selbst, oder sein naher Umkreis, Nutzer und Ziel seiner Gestaltung. Wirkungsgrad und Einfluss seines Designs auf seine Umgebung waren also begrenzt. Das Problem, das es zu lösen galt, oder das Bedürfnis, das es zu befriedigen galt, war das Einzige, womit sich der »Urdesigner« beschäftigen musste und worin seine Verantwortung lag. Jahrhundertelang hat der Mensch auf diese Weise Dinge gestaltet, um die Umwelt seinen Wünschen entsprechend formen zu können. Es entstanden immer neue Probleme, die gelöst werden mussten, und neue Bedürfnisse, denen entsprochen werden musste. Dinge wurden gestaltet und geformt, um dem Menschen das Leben zu erleichtern und bequemer zu gestalten.

Design ist immer ein Teil von menschlichem Handeln und Kommunikation. Wenn Menschen Dingen, Ideen und Inhalten physisch rezipierbare Formen geben, was sie seit der Erfindung von Sprache, Werkzeugen und Bildern tun, gestalten sie. Sie nehmen damit Einfluss auf ihre Umwelt und ihr soziales, kulturelles und ökologisches Gefüge – was als genereller Zweck und Absicht von Design angesehen werden kann.[8]

Man könnte sagen, Design besitzt einen universellen Wirkungsgrad, um Probleme zu lösen und das Leben zu vereinfachen. Oder wie es der kanadische Grafikdesigner Bruce Mau ausdrückt:

»Durch gutes Design hat der Mensch die Fähigkeit erlangt, gewünschte Ereignisse zu planen und Ergebnisse effizient zu produzieren.« [Übers. d. Verf.][9]

Design und Industrie

Durch Handel, Manufaktur, Produktion und Industrialisierung wuchs Mitte des 19. Jahrhunderts die Verantwortung des Designers. Beim Lösen von Problemen gab es nun auch finanzielle Bedürfnisse, Kostenfragen, Konkurrenz, Rationalisierung und Moden, mit denen er sich auseinandersetzen musste. Der Designer gestaltet nun nicht mehr für sich oder sein direktes Umfeld, sondern für die Masse und ein großes nationales und internationales Klientel.

Mit der Entwicklung von kapitalistischen Märkten und der Massenproduktion entsteht schließlich eine neue Erscheinungsform von Design, das

»Design als ästhetische Gestaltung von Waren und als Gestaltung der Kaufanimation [Die Geburt der Werbeindustrie] und der gesellschaftlichen Kommunikation«. [Diese neue Erscheinungsform von Design] »ist eine Hervorbringung der abendländischen Gesellschaft der Neuzeit. Erst diese trennte den Gebrauchswert und den Tauschwert der Produkte und schuf das Universum der Waren.« [10]

Die Verschmelzung von Großindustrie und Design sowie die neue Kaufanimationsfunktion des Designs als Mittel der Werbung verschärften das soziale Einwirken von Design zunehmend. Werbung lässt sich wie folgt definieren:

»Werbung ist der absichtliche Versuch der Beeinflussung durch systematische und strategische Anwendung von Gestaltungsmöglichkeiten.« [11]

Der entstandene Hunger nach Produkten und Rohstoffen als Folge der industriellen Revolution führte schnell zu einer in sich geteilten, widersprüchlichen Industriegesellschaft.

»Einerseits die schier grenzenlose Entfesselung von Produktivkräften, welche die Welt mit Waren, Maschinen, Bauten und einem immensen Reichtum versieht, und andererseits die Erzeugung von Herrschaftsverhältnissen, welche mehr Menschen und Völker in Abhängigkeit bringen und in Massenelend und kulturelle Armut stürzen.« [12]

Design war ein Werkzeug der Industrie, das zur Teilung der Gesellschaft beitrug, ohne aber eine Verantwortung dafür zu übernehmen.

Zu Beginn der Industrialisierung versuchten Designer noch, Maschinen und massenproduzierten Produkten Formen und Oberflächen zu geben, die sich an eine Ästhetik der Manufaktur und der Stile vorausgegangener Jahrhunderte anlehnten, da sich die Produkte durch die Nachahmung handwerklicher Formen besser verkaufen ließen.[13]

So wurden beispielsweise stahlgefertigte Gegenstände mit einer Oberfläche versehen, die der Holzmaserung nachempfunden war. So wurde die Oberfläche von industriell gefertigtem Metall so bearbeitet, dass sie aussah, als sei sie von einem Schmied bearbeitet worden. Die neue Welt der Maschinen war für viele Menschen beängstigend und so entstand bei der Bevölkerung ein Bedürfnis nach altbekannten Formen. Mit der Rückbesinnung auf die Stile ehemaliger Herrscherklassen, etwa in Form von barocken oder klassizistischen Verzierungen, demonstrierte die neue Klasse des produzierenden Bürgertums ihren eigenen Machtanspruch.[14]

Die moderne Welt der Maschinen und Industrie hatte noch keine eigene Ästhetik hervorgebracht. Vor allem keine, die klassenübergreifend war.

Es war an der Zeit, das Selbstverständnis und die Systematik von Design zu überdenken und sie den neuen Umständen und dem immer komplexer werdenden Wirkungsgrad von Design anzupassen.

So entstanden die ersten ideologischen Auseinandersetzungen mit Design und dessen sozialer Funktion in der Gesellschaft.

Bis heute sind zahlreiche Designideologien entstanden, von denen sehr viele eine verantwortungsvolle Designpraxis fordern.

Gegenbewegungen

Eine der ersten ideologischen Bewegungen gegen die vorherrschende Designpraxis in der Massenproduktion war ab den 70er Jahren des 19. Jahrhunderts die »Arts and Crafts«-Bewegung um den aus dem Kunstgewerbe stammenden Briten William Morris. Dieser war ein Gegner der Massenproduktion und sah in der maschinellen Massenproduktion einen Verlust an Qualität, Schönheit und Nützlichkeit. Morris machte die seelenlose Maschinenarbeit und die Profitinteressen der Unternehmer und Industriellen für die zunehmende Umweltverschmutzung sowie die verheerenden Lebensumstände der Arbeiterklasse verantwortlich. Deshalb forderte er eine Rückbesinnung zum verantwortungsvollen Kunsthandwerk und begann mit der handwerklichen Produktion von Gebrauchsgegenständen in Künstlerbauhütten.[15]

Weitere Gegenströmungen waren die als eine Folge der »Arts and Crafts« - Bewegung entstandenen und unter dem in Deutschland verwendeten Namen »Jugendstil« subsumierbaren Bewegungen »Art noveau« in Frankreich, »Modern Style« in England, »Secessionsstil« in Österreich und »Modernismo« in Spanien. Im Gegensatz zur »Arts and Crafts« -Bewegung lehnten diese die industrielle Fertigung nicht ab, sondern forderten eine Einbeziehung der Kunst in die Gestaltung von industriell gefertigten Gütern. Die Verantwortung über den gestalterischen Planungsprozess sahen sie beim Künstler als Spezialisten für Material und zweckmässige Formen.[16]

So entstand das Verständnis für ein Bedürfnis nach einfachen Formen, die Nutzen und Ästhetik vereinen.

Funktionalismus

Schon 1739 hatte der amerikanische Bildhauer Horatio Greenough zum ersten Mal die Notwendigkeit eines Zusammenhangs von Form und Funktion erkannt und als Erster den Leitsatz »form follows function« geprägt. 1896 wurde dieser Leitsatz von dem Chicagoer Architekten Louis Sullivan aufgegriffen, der daraus den Funktionalismus in der Architektur entwickelte. Sein Mitarbeiter Frank Lloyd Wright wiederholte den Leitsatz in der Variation »form and function are one«[17]. Beide Leitsätze wurden von späteren Gestaltungsideologien immer wieder aufgegriffen und bildeten die Grundlage für den gestalterischen Funktionalismus des 20. Jahrhunderts.[18]

Die Statements »form follows function« und »form and function are one« sind beide aus dem Bewusstsein heraus entstanden, dass der Designer sowohl für die Form als auch für die Funktion seines Designs und deren Auswirkungen verantwortlich sein muss. Beide Aussagen wurden jedoch häufig missinterpretiert. Zum einen wurde daraus eine zwangsläufige Trennung zwischen dem gut funktionierenden und dem einfach nur schönen Design gefolgert. Zum anderen wurden die Leitsätze so verstanden, dass die »ideale« Form immer gut funktionieren müsse. Die Statements sollten jedoch ausdrücken, dass die Form, solange die funktionellen Bedürfnisse erfüllt werden, diesen folgen und zudem ansprechend sein wird.[19]

Der Funktionalismus ist eigentlich keine neue Erscheinung. Schon immer hat der Mensch bei der Lösung eines Problems durch Design nach der Form gesucht, die dem gewünschten Zweck am meisten dient. Das Verhältnis von Form und Zweck hat sich durch die Industrialisierung nur extrem verstärkt, denn die Lösung des Form- und Zweckverhältnisses war sowohl ein technischer als auch ein wirtschaftlicher Faktor für die effiziente Massenproduktion.

Der Deutsche Werkbund

In Deutschland entstand aus dem Funktionalismus der Architektur mit der aufkommenden Gebrauchsgüterproduktion 1907 der »Deutsche Werkbund«. Der Werkbund war

»eine Vereinigung von Unternehmern, Architekten, Künstlern und Kunsthandwerkern.«[20]

Seine Absicht war es, die Prinzipien des Funktionalismus in der Massenproduktion zu implementieren.

»Die Ideale des Deutschen Werkbundes galten der hohen gestalterischen Qualitätsarbeit, der Steigerung des Gebrauchswertes der Produkte und der Befriedigung der Interessen der BenutzerInnen. Damit verbunden war ein kulturelles Ideal, das in der Verbindung von künstlerischen Ansprüchen mit sozialen Anliegen der Gesellschaft bestand. Stichwort: Erziehung der Massen zum ›guten Geschmack‹ durch ›gutes Design‹ für alle.«[21]

Der Deutsche Werkbund hatte die Verantwortung, die das »Design für die Massen« verstärkt mit sich brachte, erkannt und forderte ein soziales Design für alle. Die Praxis des Deutschen Werkbundes diente jedoch im Gegensatz zu seinem kulturellen Ideal eher unternehmerischen Interessen und sollte vor allem die wirtschaftliche Konkurrenzfähigkeit der Waren sichern.

Das Bauhaus

Die wohl einflussreichste Auseinandersetzung mit Design und seiner sozialen Rolle, die der Funktionalismus im Industriezeitalter mit sich brachte, war das 1919 direkt nach dem Ende des Ersten Weltkrieges von Walter Gropius in Weimar gegründete Bauhaus.

Die durch den Krieg entstandenen Umwälzungen in der Gesellschaft hatten eine allgemeine Kritik an der materialistischen Weltsicht zufolge. Es war daher ein guter Zeitpunkt, um neu zu beginnen. Das Bauhaus forderte, ähnlich wie die »Arts and Crafts«-Bewegung, eine Einheit von Kunst und Handwerk. In Anlehnung an die mittelalterliche Bauhütte war das Ziel jedoch,

»eine Einheit der Künste unter der Führung der Baukunst« [22]

zu schaffen. Das Bauhaus wollte für eine klassenlose Gesellschaft produzieren und folgte einem sozial ausgerichteten, funktionalistischen Ideal.

»Der gestalterische Anspruch des Bauhauses war [...] wesentlich mit einem sozialen und damit auch politischen Anspruch verbunden.« [23]

Dies kommt auch in Gropius' Gründungsmanifest zum Ausdruck, in dem er für eine demokratische Ausrichtung plädiert, die sich nach den Bedürfnissen der Masse richtet.[24] Der Bauhausschüler Wilhelm Wagenfeld, ein Bauhausschüler formulierte die Absichten und die sozialkritische Haltung des Bauhauses wie folgt:

»Wir können doch nicht leugnen, dass unsere Umwelt auch im allerkleinsten ihren Einfluss auf uns ausübt. Es ist darum für niemanden gleichgültig, wie er wohnt und womit er seinen Alltag und Festtag umgibt. Wenn diese nahe Umwelt des Menschen von einer verantwortungslosen Warenindustrie als Abladeplatz ihrer Erzeugnisse angesehen wird, dann bestimmt diese Industrie damit über das kulturelle Dasein unseres Volkes. Deutlicher gesagt, sie ist jahraus, jahrein als Totengräber am Werk.« [25]

Nach der anfänglichen künstlerischen Abkehr von der Massenindustrie hin zum kunsthandwerklichen Individualismus kam es in den 20er Jahren, beeinflusst durch den Funktionalismus der De-Stijl-Gruppe, zur Entwicklung einer elementaren, funktionalen »Bauhausform«, die die Formen von Geräten auf geometrische Elemente reduzierte.[26] Es entstanden industrielle Formen, die effizient und günstig zu produzieren waren, und der Erfolg des Bauhauses führte zu einer Annäherung an die Industrie. Die soziale Ideologie des Bauhauses ließ sich mit diesem Ansatz vereinen, da die Gestalter am Bauhaus es schafften durch ihre effizienten Formlösungen »preiswerte Produkte für breite Bevölkerungsschichten«[27] auf den Markt zu bringen.

Der soziale Funktionalismus des Bauhauses war in den 20er Jahren seiner Zeit weit voraus. Doch die wirtschaftliche Situation sowie die vergangenheitsorientierte kulturelle Stimmung der Gesellschaft ließ die »Bauhausidee« scheitern. Noch bevor die Chance bestand, sich gegen diese Hindernisse durchzusetzen, machte der aufkommende Nationalsozialismus dem eher linken sozialen Grundverständnis des Bauhauses aus ideologischen Gründen endgültig ein Ende.
Viele der Schaffenden des Bauhauses emigrierten beispielsweise in die USA, die meisten Juden und Kommunisten wurden in Konzentrationslager deportiert. Es gab aber auch einige, die sich dem System anpassten und ihre funktionalistischen Bauhausideen im Dritten Reich weiterführten.

»Der Nationalsozialismus vereinnahmte im Bereich des Designs und in der Industriearchitektur den Funktionalismus und viele Ziele der Reformbewegungen, und im faschistischen Italien setzte sich der ›moderne Stil‹ in der Architektur durch – was Vertreter des Bauhauses wie W. Kandinsky dazu (ver-)führte, Mussolinis faschistischen Staat als Modell zu betrachten.«[28]

Design im Dritten Reich

Die Zeit des Nationalsozialismus in Bezug auf soziale Verantwortung im Design zu beschreiben ist schwierig. Denn in einem totalitären Regime, das verantwortungslos mit der eigenen Gesellschaft umgeht, kann von sozialer Verantwortung wohl kaum die Rede sein. Im Dritten Reich hat die faschistische Ideologie alle Lebensbereiche vereinnahmt. Kunst und Kultur, die nicht den faschistischen Vorstellungen entsprach, wurde verboten oder als entartet stigmatisiert. Künstler und Designer mussten aus Deutschland emigrieren. Viele und vor allem jüdische Künstler kamen ins Konzentrationslager.

Die Industrie übernahm in der Zeit des Nationalsozialismus zwar teilweise die funktionalistischen Vorstellungen des Bauhauses und seiner Vorgänger, entleerte sie jedoch ihrer sozialen, demokratischen Ideen und münzte sie auf faschistische Propaganda wie »Kraft durch Freude« um.

Die Ästhetisierung des täglichen Lebens und der Politik als Machtinstrument des Regimes war ein zentraler Faktor in der nationalsozialistischen Demagogie. Hitler nutzte die funktionalistische Typisierung, um eine einheitliche, oktroyierte Kultur zu erschaffen, die seiner faschistischen Ideologie entsprach. Künstlerische Freiheit, demokratische Produktionsprinzipien und soziale Verantwortung für die Folgen einer solchen Kultur waren damit nicht vereinbar.

Forscht man nach einer sozialen Verantwortung im Design der Nazizeit, so kommt man zu der Erkenntnis, dass es zwar Design auf hohem Niveau gab, sich die soziale Verantwortungslosigkeit des Regimes aber auch dort wiederfand. Vom Volksempfänger bis zur Vernichtungsmaschinerie, von der Nazipropaganda bis zu allen menschenverachtenden Formularen und Maschinen des Holocaust – das alles sind Beispiele für verantwortungsloses Design auf hohem Niveau.[29]

The American Way

In den USA hatte das Design ab den 20er Jahren mit deutlich weniger Hindernissen zu kämpfen als in Deutschland und dem übrigen Europa.

Nach nur kurzen Krisen entwickelte sich die amerikanische Wirtschaft ausgesprochen stark und es entstand eine Massenkonsumkultur, in der Design das Mittel zum Zweck der kapitalistischen Interessen wurde.

»Anders als in Europa, wo Reformen im Design fast immer unter sozialen und/oder funktionalen Fragestellungen abgehandelt wurden, war US-Design in erster Linie ein Marketingfaktor.« [30]

Design zum Zweck der stetigen Neuerschaffung von Konsumbedürfnissen bei den Konsumenten zu betreiben, ist ein in den USA entstandenes Prinzip, das bis heute vor allem in den westlichen Konsumgesellschaften, aber auch immer häufiger in Schwellenländern angewandt wird.

Dieses Prinzip hat bis heute tief greifende soziale und ökologische Folgen mit sich gebracht. Das war auch schon in den 20er und 30er Jahren zu erkennen, darauf wurde damals allerdings keine Rücksicht genommen und es war auch kein oder nur sehr wenig Bewusstsein für solche Folgen bei der Bevölkerung vorhanden.

Die Ulmer Schule

Das Nachkriegsdeutschland und sein Design steckten nach dem Trauma des Nationalsozialismus und des Krieges in einer tiefen Identitätskrise.

1953 wurde in Ulm, als Nachfolger des Bauhauses, die Hochschule für Gestaltung mit dem Ex-Bauhäusler Max Bill als Rektor gegründet. Initiiert von der »Geschwister-Scholl-Stiftung« wurde sie zu großen Teilen aus einem »Fonds für die kulturelle Entwicklung Deutschlands« der US-Regierung finanziert. Sie sollte den entstehenden Antiamerikanismus in Deutschland zurückdrängen und eine Wiederauferstehung des Faschismus durch politische, antifaschistische Aufklärung verhindern.[31]

Walter Gropius erklärte in seiner Eröffnungsrede an der Hochschule für Gestaltung in Ulm:

»Breite Erziehung muss den richtigen Weg weisen für die richtige Art der Zusammenarbeit zwischen dem Künstler, dem Wissenschaftler und dem Geschäftsmann. Nur zusammen können sie einen Produktionsstandard entwickeln, der den Menschen zum Maß hat, das heißt die Imponderabilien unseres Daseins ebenso ernst nimmt, wie physische Bedürfnisse. Ich glaube an die wachsende Bedeutung der Arbeit im Team für die Vergeistigung des Lebensstandards in der Demokratie.«[32]

Die Hochschule versuchte durch die Verknüpfung von Geisteswissenschaften und Design in Teams, Gestaltung zu etwas Begründbarem zu machen, das künstlerisch Geniale mit dem Funktionalem zu verbinden und somit nachvollziehbar zu machen. Dieser wissenschaftliche Ansatz wurde später oft mit der Behauptung kritisiert, er führe zu einer Entfremdung vom eigentlichen Gestaltungsziel, dem Menschen.

Die soziale Verantwortung von intelligentem Design lag für die Ulmer Schule in der Förderung des gesellschaftlichen Fortschritts.

Arbeitsraum / HfG Ulm / 1959
Zeichnende Studenten an der HfG Ulm.[A]

Braun Systemelemente / Otl Aicher / 1958
Otl Aicher und Hans G. Conrad gestalteten 1958 eine Verkaufsausstattung aus Systemelementen für die Firma Braun.[B]

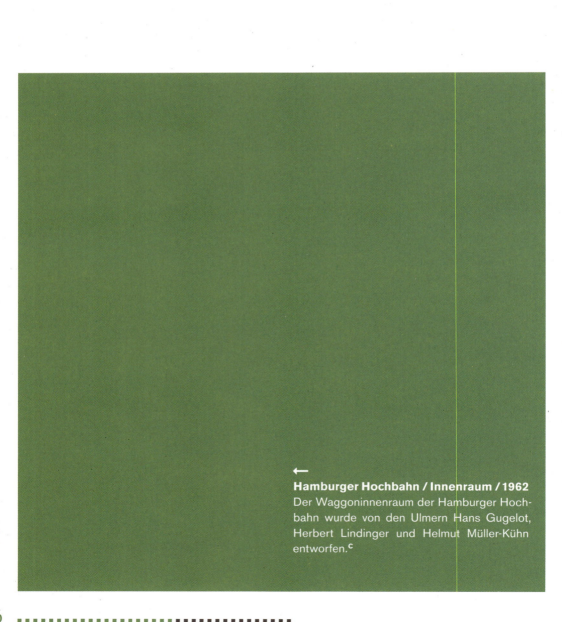

← **Hamburger Hochbahn / Innenraum / 1962**
Der Waggoninnenraum der Hamburger Hochbahn wurde von den Ulmern Hans Gugelot, Herbert Lindinger und Helmut Müller-Kühn entworfen.[c]

←
Wortmarke Lufthansa / Otl Aicher / 1962
Das Erscheinungsbild der Lufthansa wurde von Otl Aicher und seinen Mitarbeitern Thomas Gonda, Fritz Querengässer und Hans Roericht entworfen.[D]

←
Bordgeschirr / Hans Roericht / 1962
Das Lufthansa Bordgeschirr ist ein stapelbares Tablett- und Schalensystem, das millionenfach produziert wurde und 1962 von Hans Roericht entworfen wurde.[E]

Die Gute Form

Qualität war in Ulm das Schlagwort, das sich in der »Guten Form« äußern sollte. Die »Gute Form« war ein von Max Bill geprägter Begriff. Er beschreibt eine

»[...] einfache, funktionale und materialgerechte Form von zeitloser Gültigkeit mit hohem Gebrauchswert, langer Lebensdauer, guter Verständlichkeit, Verarbeitung und Technologie, ergonomischer Anpassung und ökologischer Nachhaltigkeit«.[33]

In dieser Definition zeigt sich, dass die HfG die Verantwortung des Designs ins Zentrum ihrer Anstrengungen rückte. Die Qualität sollte dieser Verantwortung gerecht werden, sie sollte in ihren Form(en) auf die gesamte Gesellschaft und ihre sozialen und kulturellen Bereiche Einfluss nehmen und den Gebrauchswert dem Tauschwert (dem finanziellen Wert) vorziehen.

Der Einfluss der Ulmer Produkte war jedoch auf eine intellektuelle Minderheit in der Gesellschaft begrenzt:[34] Der

»[...] hohe intellektuelle und moralische Anspruch [...] blieb der breiten Masse der Konsumenten unverständlich und die Industrie übernahm gern den Ulmer Systemgedanken, weil sich Produkte im Baukastenprinzip tatsächlich rationeller herstellen liessen, der gesellschaftskritische Anspruch dahinter wurde freilich gern übersehen.«[35]

In der wirtschaftlichen Realität wurden also funktionalistische Prinzipien dann übernommen, wenn daraus eine effizientere Produktion und ein rationalistischerer Einsatz von Material folgte. Die sozialen Gedanken dahinter wurden jedoch so gut wie immer ignoriert.

Mit der »Guten Form« bekam die deutsche Industrie gleichzeitig noch ein Qualitätssiegel, ähnlich wie später »Made in Germany«, das die Konkurrenzfähigkeit der Produkte auf dem internationalen Markt verbesserte.

Konsumkritik

In den 50er und 60er Jahren des 20. Jahrhunderts kam, als Folge einer wirtschaftlichen Hochkonjunktur und einer wachsenden Werbeindustrie in der westlichen Welt, eine starke Kritik an der nach amerikanischem Vorbild entstandenen Konsumgesellschaft und der Industrie auf.

Die jahrzehntelange Praxis des geplanten schnellen Veraltens von Produkten war eine Folge wirtschaftlicher Interessen und eine Notwendigkeit für ständigen Konsum. Mitte der 50er Jahre führte dies, neben anderen Gegenströmungen, zur Gründung der »Situationistischen Internationale«, einer Bewegung von radikalen Künstlern und Sozialkritikern in Europa. Diese stellten die Rolle von Künstlern und Designern im ewigen Streben nach Überfluss und seiner Beibehaltung in Frage und kritisierten sie.[36]

Schon 1957 hatte der amerikanische Autor Vance Packard die profitorientierten Praktiken von Werbeagenturen und Industrie erstmals öffentlich moralisch in Frage gestellt. In seinem Buch »The Hidden Persuaders« (»Die geheimen Verführer«) warnt er den Leser vor dem unmoralischen Handeln der Werbeindustrie.

Packard kritisiert auch Berufsgruppen wie Psychologen und Soziologen, die mit jenen Verführern bei ihren manipulativen Strategien zusammenarbeiten. Für ihn handeln diese Professionellen in ihrer Teilnahme an diesen Manipulationen unhuman.[37]

Packards Attacke auf die Werbeindustrie und ihre Verbündeten zielt deutlich auch auf Designer ab. Denn wenn sie diesen manipulativen Strategien Form geben, sind sie ebenfalls ein wesentlicher Teil dieser Industrie und unmoralischer Praktiken. Packard forderte ein verantwortungsvolleres Selbstverständnis der Werbeindustrie.

Prioritätensuche

1963 schrieb der britische Grafikdesigner Ken Garland das »First Things First« Manifest, in dem er Designer dazu aufrief, Verantwortung für ihre Beiträge in einer Gesellschaft zu übernehmen, die mit verschwenderischer Produktvielfalt vollgestopft sei. Seiner Ansicht nach führe das ständige Hinterherlaufen der Designer hinter den von der Industrie erzeugten Trends dazu, dass verantwortungslose und oberflächliche Designerzeugnisse entstehen. Er forderte einen

»Wechsel der Prioritäten der Designer weg vom grellen Schrei des konsumorientierten Verkaufens und hin zu wertvolleren Designaktivitäten [...]« [Übers. d. Verf.]. [38]

Das »First Things First« Manifest wurde in den 60er Jahren zur Leitlinie für Designer, die profitable Arbeit für die Industrie mit sozial verantwortungsvoller Arbeit zu verbinden versuchten. Es ging zunächst nicht darum, dass Designer mit einem Umdenken eine gewaltige Veränderung in der Welt hätten herbeiführen können, sondern primär darum, der Passivität und Verantwortungslosigkeit in der gängigen Designpraxis ein Ende zu bereiten. Das Manifest stieß in der britischen Designwelt auf offene Ohren und wurde von 21 aktiven Designern, Fotografen und Studenten unterschrieben.[39] Einer der Signatoren war Anthony Frøshaug, ein ehemaliger Dozent an der Hochschule für Gestaltung in Ulm. Auch die britische Öffentlichkeit und die Medien zeigten Interesse an »First Things First«. So wurde das Manifest in zahlreichen Zeitungen veröffentlicht und besprochen, und Ken Garland bekam die Chance, das Manifest in den Abendnachrichten des BBC vorzulesen.

Bis heute wird das »First Things First« Manifest weltweit in Designzeitschriften abgedruckt. Seine Neuinterpretation im Jahre 1999 als »First Things First 2000« zeigt, wie brisant die Kontroverse auch heute noch ist – diese Thematik wird an anderer Stelle in diesem Kapitel behandelt.

1964 schreibt Herbert Spencer, Herausgeber der Zeitschrift »Typographica«, in seinem Artikel »The Responsibilities of the Design Profession«, dass sich in den vergangenen Jahrzehnten die Designprofession ihren Platz in der Gesellschaft erkämpft habe und allseits, auch finanziell, respektiert werde. Mit der respektierten Stellung hätten Designer allerdings auch eine große Verantwortung gewonnen. Er argumentiert, dass sich Design, speziell Grafikdesign, nun durch diese verantwortungsvolle Position aus der jahrzehntelangen Sackgasse befreien könne, eine Profession fremdbestimmter Ausführer zu sein.

Spencer stellt weiter fest, dass die großen Herausforderungen für die Designer seiner Zeit nichts mit ihren Fähigkeiten, sondern vor allem mit ihrer Integrität zu tun haben. Dies hält er für die natürliche Aufgabe einer erwachsen gewordenen Profession. Er kritisiert jedoch, dass viele zeitgenössische Designer als Folge ihrer Emanzipation und ihrer sicheren Stellung innerhalb einer anerkannten Profession zum größten Teil nur für die Anerkennung ihrer Kollegen arbeiten. Eine Art Designerklasse sei entstanden, die nur noch selbstreferenziell und selbstmystifizierend arbeite und dabei ihre Verantwortung der Gesellschaft gegenüber vernachlässige.

Die einzige Lösung für dieses Problem sieht er in einer Ausbildung, die seiner Meinung nach mehr auf die aktuelle Situation des Designs eingehen muss. Hieraus sollen gelehrte und nicht nur trainierte Designer hervorgehen (eine immer wiederkehrende Forderung in der kritischen Auseinandersetzung mit Design). Die emanzipierte Rolle der Designer, so Spencer, sollte dazu genutzt werden, nicht nur den Interessen von Großkonzernen zu dienen, sondern sich vor allem um das Wohlbefinden der Gesellschaft zu kümmern.

So schlägt er beispielsweise eine intensivere Auseinandersetzung mit der Recherche über die psychologischen Wirkungen von Farbe und Schrift vor. Die aus solchen Recherchen gewonnenen Erkenntnisse sollen jedoch nicht manipulativen Zwecken dienen, sondern für eine ehrliche Bedürfnisbefriedigung und Problemlösung wie zum Beispiel eine verantwortungsvolle Gestaltung von Warn- und Verkehrsschildern oder bei der Gestaltung für blinde und anders behinderte Menschen eingesetzt werden. Auch bei der Bekämpfung von Analphabetismus in der Welt sieht Spencer für Design eine wichtige Rolle.[40]

first things first

A manifesto

We, the undersigned, are graphic designers, photographers and students who have been brought up in a world in which the techniques and apparatus of advertising have persistently been presented to us as the most lucrative, effective and desirable means of using our talents. We have been bombarded with publications devoted to this belief, applauding the work of those who have flogged their skill and imagination to sell such things as:

cat food, stomach powders, detergent, hair restorer, striped toothpaste, aftershave lotion, beforeshave lotion, slimming diets, fattening diets, deodorants, fizzy water, cigarettes, roll-ons, pull-ons and slip-ons.

By far the greatest time and effort of those working in the advertising industry are wasted on these trivial purposes, which contribute little or nothing to our national prosperity.

In common with an increasing number of the general public, we have reached a saturation point at which the high pitched scream of consumer selling is no more than sheer noise. We think that there are other things more worth using our skill and experience on. There are signs for streets and buildings, books and periodicals, catalogues, instructional manuals, industrial photography, educational aids, films, television features, scientific and industrial publications and all the other media through which we promote our trade, our education, our culture and our greater awareness of the world.

We do not advocate the abolition of high pressure consumer advertising: this is not feasible. Nor do we want to take any of the fun out of life. But we are proposing a reversal of priorities in favour of the more useful and more lasting forms of communication. We hope that our society will tire of gimmick merchants, status salesmen and hidden persuaders, and that the prior call on our skills will be for worthwhile purposes. With this in mind, we propose to share our experience and opinions, and to make them available to colleagues, students and others who may be interested.

Edward Wright
Geoffrey White
William Slack
Caroline Rawlence
Ian McLaren
Sam Lambert
Ivor Kamlish
Gerald Jones
Bernard Higton
Brian Grimbly
John Garner
Ken Garland
Anthony Froshaug
Robin Fior
Germano Facetti
Ivan Dodd
Harriet Crowder
Anthony Clift
Gerry Cinamon
Robert Chapman
Ray Carpenter
Ken Briggs

Published by Ken Garland.
Printed by Goodwin Press Ltd. London N4

First Things First / Flugblatt / 1964
Die Abbildung zeigt das Orginalflugblatt des »First Things First« Manifestes. Ken Garland hatte das Flugblatt 1964 für die Veröffentlichung des Manifestes gestaltet.[F]

68er und Postmoderne

»Ende der sechziger Jahre wurde die kapitalistische Konsumgesellschaft von der sogenannten Achtundsechzigerbewegung auf allen Ebenen in Frage gestellt. Es entstanden Antibewegungen, die gesellschaftliche Alternativen und Utopien entwarfen […]. Die Postulate dieser Gegenbewegungen wurden mehrheitlich nicht realisiert. In vielen gesellschaftlichen Bereichen hinterließen sie jedoch nachhaltige Spuren (etwa in der Frauen-, Bürgerrechts-, Drittwelt- und Ökobewegung). Die Achtundsechziger hatten sich als schwächer erwiesen als Macht und Strukturen der kapitalistischen Gesellschaft.«[41]

Die Enttäuschung über das Scheitern vieler dieser angestrebten Veränderungen in der Gesellschaft und der starkt ausgeprägte politische und wirtschaftliche Konservatismus in der westlichen Welt machten die Zeit nach 1968 zu einer Phase der Krise, der Kulturkritik und der Kunst. Daraus entstand die sogenannte »Postmoderne«, die eine Folge der gescheiterten Modelle der »Moderne« war.[42]

»Man kann die Welt nicht mehr auf den Begriff bringen, man kann sie nur noch wahrnehmen und mit Hilfe von Bildern beschreiben oder: Wenn die Weltanschauung in die Brüche geht, ist es besser, sich die Welt anzuschauen – indem man wegschaut.«[43]

In der frühen postmodernen Haltung zeigt sich also eine Art von resignationsgetriebenem Befreiungsschlag einer Kultur, die durch die Abkehr von den gescheiterten Ideologien und den Versuchen, verantwortungsvollen Einfluss auf die Gesellschaft zu nehmen, nach einer neuen Identität sucht.

Kritik an der Postmoderne

Als eine der ersten kritischen Reaktionen auf das Design der frühen Postmoderne wurde die erste Version von Victor Papaneks Buch »Design for the Real World« wahrgenommen. Er knüpft darin an die sozialen Forderungen an, die Herbert Spencer bereits 1964 an das Design stellte, und kritisiert die verantwortungslose Praktik im Produktdesign.

Die Tatsache, dass Papanek das Buch Mitte der 80er Jahre erneut und in einer erweiterten Version veröffentlichte, zeigt, dass der Thematik des verantwortungsvollen Designs ein immer größerer Stellenwert zugesprochen wurde. Zudem lässt sich erahnen, welche Bedeutung die soziale Verantwortung des Designs in den kommenden Jahrzehnten gewinnen wird. Das Buch zeigt verantwortungsvolles Design anhand von Beispielen wie Produkten für behinderte Menschen oder für die Dritte Welt, von denen Papanek selbst viele umgesetzt hat.

Der Beginn der Postmoderne war eine Zeit, in der wie nie zuvor gestaltete Produkte die Gesellschaft bis ins kleinste Detail durchdrangen. Auf dem Höhepunkt des Massenkonsums der 80er Jahre setzten sich Produkte auf dem Markt eher durch ihre der Mode angepasste Form als durch ihre durchdachte Funktion und ihre positive, soziale Wirkung durch. Die Wirtschaft nutzte die postmodernen, funktionslosen Designsperenzien als neuen Motor für den Konsum und als Mittel zur Distinktion der Produkte auf dem Markt. Die starke Affinität des frühen postmodernen Designs zu den Prinzipien der Mode und ihrer Trends sowie ihrer Anwendung auf alle Lebensbereiche führte in den 80er Jahren zu einem regelrechten Designboom.

Die 80er Jahre

Die immer stärker werdende Einflussnahme des Menschen auf seine ökologische und soziale Umwelt als Folge einer Massenproduktion an Konsumgütern und des konsumgetriebenen Designbooms führte im Laufe der Jahre mehr und mehr dazu, dass Design häufig selbst zum Verursacher sozialer und ökologischer Probleme wurde.

»Der Designboom wurde zu seinem eigenen schlimmsten Feind. [...] Weit davon entfernt, die Grundlage für die Lösung gesellschaftlicher Probleme zu sein, wurde es in zunehmendem Maße offensichtlich, dass Design – d.h. marktorientiertes oder konsumorientiertes Design [...] – selbst eines der Probleme der Gesellschaft war.«[Übers. d. Verf.][44]

Designer mussten sich nun immer häufiger mit selbstproduzierten Problemen auseinandersetzen. Die Erkenntnis, dass schlechtes und verantwortungsloses Design zu einem Problem der Gesellschaft geworden war, war in den Köpfen vieler Gestalter angekommen. Die Folge war eine Bereitschaft zu mehr sozialer Verantwortung, die sich zunehmend in der Konzentration auf Probleme von Gesellschaftsgruppen äußerte, die bisher von gutem Design ausgeschlossen waren. So kam es anfangs der Achziger beispielsweise zur Gründung der »Coalition of Barrier-Free Environments« (»Vereinigung für eine barrierefreie Umwelt« [Übers. d. Verf.]). Diese wollte die Gestaltung von öffentlichen Räumen und Bauten verantwortungsvoller betreiben, um behinderte und alte Menschen nicht mehr auszuschließen und sie mehr in die Gesellschaft zu integrieren. Früher oder später wird wohl jeder Mensch im Laufe seines Lebens von einer Behinderung betroffen sein. Es geht dabei also nicht um Minderheiten, sondern um die ganze Gesellschaft.[45]

Victor Papanek zufolge wird das Gestalten für Minderheiten schnell zum Gestalten für die Mehrheit, wenn man den universellen und globalen Nutzen eines solchen Designs berücksichtigt, seinen positiven sozialen Einfluss auf die Gesellschaft und die Umwelt sowie die Tatsache, dass alle Menschen irgendwann einmal Teil einer Minderheit werden können.[46]

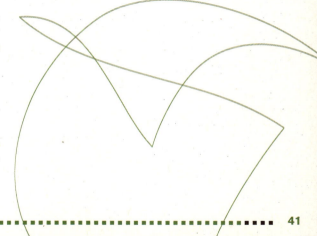

Die 90er Jahre

In den 90er Jahren wächst die Kritik an der immer noch präsenten Praxis des Oberflächendesigns, das Form vor Inhalt stellt. In einem Editorial des »Blueprint« Magazins von 1990 wird diese Kritik folgendermaßen formuliert:

»Nach einer Zeit enorm schneller Veränderungen, in der die Form als wichtiger als der Inhalt erachtet wurde, ist es an der Zeit, die Bedeutung von Design erneut zu hinterfragen [...].« [Übers. d. Verf.] [47]

Diese Phase, in der es vorwiegend um Dinge wie »Style« und »Image«, also um Oberfläche, ging und in der die Welt mit Designmüll überhäuft wurde, führte bei vielen Designern, vor allem bei der jungen Generation, zu einer Rückbesinnung auf die »inneren« Werte und die soziale Verantwortung von Design. Fragen nach der Moral von Designaktivitäten, wie dem Gestalten von ansprechenden Verpackungen für schädlichen Inhalt und dem Einfluss von gestalteten Produkten auf die Umwelt, rückten wieder ins Interesse der Designer.

Sie wurden sich in den Neunzigern der Rolle bewusst, die das Design beim Erzeugen immer neuer Bedürfnisse im Menschen spielt, um dadurch die Utopie eines unendlichen wirtschaftlichen Wachstums und niemals endenden Konsums zu erfüllen.

Dieses in der westlichen Welt angewandte System, das den Konsumenten absichtlich in einem ständigen Zustand des »Verlangens nach Neuem« hält, wirkt besonders fragwürdig, wenn global betrachtet 50 bis 75 Prozent der Menschheit das Nötigste zum Überleben fehlt.[48]

An diesem Zustand hat sich bis heute, trotz des wachsenden Wohlstands, nicht viel geändert.

Die Kritik an der Konsumgesellschaft der westlichen Welt hat sich im Laufe der 90er Jahre verstärkt und dauert bis heute an.

Angesichts rapide zunehmender Bevölkerungszahlen, der immer knapper werdenden Ressourcen für die Stillung des Energie- und Produkthungers der Welt, der Umweltzerstörung durch schädliche Produktionsweisen und dem Export des Konsumkapitalismus in die ganze Welt als Folge der wirtschaftlichen Globalisierung ist diese Kritik heute berechtigter als jemals zuvor.

First things First 2000

Im Zuge der Antiglobalisierungsbewegung der späten 90er Jahre erschien 1999 das ursprünglich von Ken Garland 1963 veröffentlichte »First things First« Manifest unter dem Titel »First things First 2000« in einer aktuellen Version. Es wurde von einer neuen, jüngeren Generation von Designern wie z.B. Jonathan Barnbrook, Rudy VanderLans, Vince Frost und Erik Spiekermann unterschrieben und in Designmagazinen in England, Holland und Deutschland sowie in den USA und dem kanadischen Antibranding-, Antikapitalismus- und Antiglobalisierungsmagazin »Adbusters« veröffentlicht. Im Gegensatz zu seinem geistigen Vorläufer ist es um einiges schärfer und in einem hoch moralischen Tonfall formuliert und von Kritikern unmittelbar als »Marschbefehl« interpretiert worden.[49] Inhaltlich kritisiert das Manifest, dass Werbung in der Designwelt und der Designausbildung häufig als lukrativste und erstrebenswerteste Form von kreativem Ausdruck propagiert wird und kreative Fähigkeiten von Designern zum Verkauf von

»Hundekeksen, Designerkaffee, Diamanten, chemischen Reinigungsmitteln, Haargel, Zigaretten [...]« [Übers. d. Verf.][50]

und anderer Dinge missbraucht werden. Werbung biete zwar finanzielle Sicherheit für Designer, führe allerdings dazu, dass sich der Designer nur noch mit dieser Thematik auseinandersetze. Außerdem seien es diese Bereiche, die die öffentliche Wahrnehmung von Design in der Gesellschaft prägten. Weiter kritisiert das Manifest, dass Design maßgebliche Triebkraft einer schädlichen Konsumgesellschaft geworden sei und fordert eine Umorientierung der Designer hin zum verantwortungsvollen Umgang mit den Mitteln ihrer Profession.[51]

Das »First things First 2000« Manifest hat eine Debatte in Gang gesetzt, die seit den 80er Jahren vernachlässigt worden war, die aber für verantwortungsvolles Design von heute einige der wichtigsten Punkte anspricht und in Frage stellt.[52]

Globalisierung heute

Design ist heute mehr denn je allgegenwärtig und erfüllt eine Vielzahl von unterschiedlichen Aufgaben. Design löst immer noch Probleme und soll das menschliche Leben einfacher und angenehmer machen. Es ist heute aber auch vor allem ein Werkzeug der Industrie, um ständig neue Bedürfnisse zu erzeugen. Im Zeitalter der Globalisierung, in dem mit der

»Globalisierung der Weltwirtschaft eine Globalisierung der Weltprobleme einhergeht«[53],

muss man auch den Wirkungsgrad und den Maßstab der Verantwortung von Design als global ansehen.

In den letzten 150 Jahren hat Design zwar viel bewegt und viele Probleme gelöst, aber auch viele Probleme geschaffen. Die Beziehung von Gestaltung und Industrie muss noch immer ständig hinterfragt werden, denn an diesen Schnittstellen ist Verantwortung heutzutage am meisten gefragt.

Alle Ideologien und Manifeste der vergangenen 150 Jahre haben die Frage nach Verantwortung im Design nicht endgültig beantworten können. Die Designwelt heute befindet sich jedoch in einer Position, in der sie sich – die Errungenschaften und Fehler der Vergangenheit im Gedächtnis – dieser Herausforderung erneut annehmen kann.

ETHIK MORAL DESIGN VER ANT WORT UNG

Was ist Ethik?

Als Ethik bezeichnet man die Auseinandersetzung mit menschlichen Handlungen und Überzeugungen und ihrer Bewertung in »gut« und »nicht gut«. Dabei beschäftigt sich die Ethik mit der Frage nach dem Guten.

Die Bewertung von Handlungen mit »gut« und »nicht gut« ist ein Konzept, das seit Jahrhunderten Teil menschlicher Philosophien und Religionen ist. Als wissenschaftliche Disziplin ist Ethik zwar ein Gegenstand ständiger Forschung, dabei kann allerdings kein endgültiges Resultat angestrebt werden.

Die Ethik einer Gesellschaft fußt auf ihrer Moral – und dennoch sind Moral und Ethik nicht eins. Die Moral ist ein Wertekonsens, der jedem Einzelnen in der Gesellschaft überliefert wird und mit dem er, ohne sich ethische Fragen zu stellen (nach dem, was gut ist), fähig ist, nach den moralischen Werten dieser Gesellschaft zu handeln und »Gutes« von »nicht Gutem« zu unterscheiden. Moral ist im Gegensatz zur Ethik kein Gegenstand der Wissenschaft. Durch Moral erzieht sich die Gesellschaft auf natürliche Weise selbst. Die Notwendigkeit für eine Ethik tritt dann in Kraft, wenn innerhalb einer Gesellschaft die Moral keine einheitliche Aussage treffen kann oder wenn sich die moralischen Werte widersprechen.

Die Ethik als Wissenschaft entwickelt Methoden und Argumente, um moralische Werte begründbar zu machen und um sie innerhalb der Gesellschaft sinnvoll diskutieren zu können.[54]

Man kann also nicht von »der Ethik« sprechen. Ethik ist vielmehr ein Prinzip, das immer wieder neu angewandt werden kann, um von Fall zu Fall, von Bereich zu Bereich, von Profession zu Profession moralische Werte zu begründen. Diese müssen jedoch stets im Kontext zu den Werten in der Gesellschaft betrachtet werden. Dies gilt auch für das Design.

Ethik im Design

Design findet innerhalb der Gesellschaft statt und wirkt sich daher auf die Gesellschaft und ihre Kultur aus. Also kann Design nicht außerhalb der Moral betrieben werden. Die Ethik im Design muss ebenso auf den moralischen Überzeugungen der Gesellschaft beruhen wie die Ethik in der Medizin, die Ethik in der Rechtswissenschaft oder die Ethik in der Betriebswirtschaft. Sie muss die Praktiken und Prinzipien des Designvorgangs sowie die kulturellen und sozialen Folgen von Design berücksichtigen und diese anhand der gesellschaftlichen Moral bewerten und eigene Werte für das Design begründen.

»Eine Ethik für Gestalter erfordert einen philosophischen Begriff und einen Terminus, der sich stärker als ›Gestalt‹ und ›stellen‹ an der Tätigkeit des Bildens und Erschaffens orientiert. Das ist der Begriff der Form.«[55]

Die Form vereint die Handlungen des Designers in einem Wort und stellt das Ergebnis des Designprozesses dar. In ihr ist das inhaltliche und materielle Schaffen vereint; sie ist die Essenz aus Material, Funktion, Idee, Inhalt und Aussage. An der Form lassen sich die Moral und Ethik des Designs messen. Da sie die Bausteine des Gestaltens beinhaltet, bilden diese, wenn sie vom Designer ethisch begründet und von der Moral der Gesellschaft als gut bewertet werden können, in ihrer Summe eine ethische Form.[56]

Die ethische Bewertung der »Designbausteine« ist dabei das Entscheidende. Denn sie ist es, die den Designprozess in allen seinen Schritten bis zum Ergebnis erst verantwortungsvoll macht.

Professionelle Leitlinien

Viele nationale und internationale Designverbände haben Kodizes ethischer Begründungen aufgestellt.

So schreibt beispielsweise die IDSA (Industrial Designers Society of America) in Artikel 1 ihres Ethikkodex:

»Verantwortlichkeit für die Öffentlichkeit, für ihre Sicherheit und für ihr ökonomisches und allgemeines Wohl ist unser vorderstes professionelles Interesse. Wir nehmen nur an Projekten teil, die wir, in Übereinstimmung mit den gegebenen Umständen, als ethisch vertretbar erachten; wir informieren und beraten unsere Klienten und Arbeitgeber, wenn wir ernstzunehmende Vorbehalte hinsichtlich der Projekte haben, denen wir zugewiesen worden sind.« [Übers. d. Verf.] [57]

Die kanadische GDC (Graphic Designers Association of Canada) hat einen ähnlichen Kodex aufgestellt. Dieser Kodex

»[...] stellt ein stringentes Set von Leitlinien und Verantwortlichkeiten für Grafikdesigner, deren Klienten sowie zu übergreifenderen Belangen, wie Umwelt, Gesellschaft und der Menschenrechten, dar.« [Übers. d. Verf.] [58]

Diese und andere Ethikkodizes sind gut und wichtig, doch entscheidend ist natürlich ihre Einhaltung und Ausführung. Dabei kann die Ethik auch behilflich sein, denn eine ihrer Aufgaben ist es, Transparenz von moralischen Grundeinstellungen zu schaffen.[59]

Sie kann daher auch für den Gestalter eine Orientierungshilfe sein, die es ihm erleichtert, eine ethische Entscheidung über Projekte, Material, Produktionsweise oder Ähnliches zu treffen.

Interdisziplinäre Initiative

Ethisches Handeln erfordert vom einem Designer im ersten Schritt ein interdisziplinäres Vorgehen, das ihn über das zu lösende Problem informiert. Zu diesen Problemen gehören die zu kommunizierende Aussage, die Art der Produktion und des Materials, um nur einige wenige zu nennen. Der Designer muss also selbst Nachforschungen anstellen und sich informieren. Nur durch diese Erweiterung seines Horizontes kann der Designer einer ethischen Begründung, wie in den oben zitierten Kodizes formuliert, überhaupt nachkommen.[60]

Dies steht jedoch häufig im Gegensatz zur gängigen Gestaltungspraxis, in der die Erfüllung von ästhetischen Bedürfnissen, die sich zwar auch ethisch begründen lässt, am wichtigsten ist.

Wir leben heute in einer Zeit, in der das gestalterische Schaffen häufig globale Wirkung entfaltet. Eine globale Designpraxis erfordert auch eine global ausgerichtete Ethik. In der modernen wissenschaftlichen Auseinandersetzung werden die verschiedenen Auffassungen von Ethik der vergangenen Jahrhunderte zu einer umfassenden Ethik zusammengefasst. Einer Ethik, die nicht mehr nur den Menschen, sondern auch seine Umwelt ins Zentrum stellt.

»Einer Ethik des Welthaushalts – die ökologische Ethik.«[61]

WHAT THE FCKW?
VER ANT WORT UNG

Ökologie-Bewegung

Die internationale sogenannte »Achtundsechzigerbewegung« hat, obwohl viele ihrer Vorhaben gescheitert sind, dafür gesorgt, dass vorher nicht beachtete Themen ins öffentliche Interesse geraten sind: etwa Menschenrechte, Frieden und die Gleichstellung von Mann und Frau.

Am nachhaltigsten erscheint jedoch das neu entstandene Bewusstsein der Öffentlichkeit über eine globale Verantwortung der Menschen für die Umwelt und ihre Erhaltung.

Die Ölkrise 1973 gab der Welt einen Vorgeschmack davon, was es bedeutet, wenn die natürlichen Erdölvorkommen zu Ende gehen. Sie führte vielen vor Augen, dass ein Umdenken im Umgang mit den Ressourcen der Natur notwendig ist.

Der Wirtschaftsboom der 80er Jahre verstärkte die schon Jahrhunderte voranschreitende Umweltzerstörung durch die Industrie. Große industrielle Katastrophen wie in Bhopal 1984 und in Tschernobyl 1986 und ihre verheerenden Folgen für die Umwelt brachten eine Internationalisierung der Ökologiebewegung hervor.[62]

Viele wurden sich der Tatsache bewusst, dass es für das Überleben der Menschheit wichtig ist, ihre einzige Lebensquelle zu schützen: die Natur.

Design und Ökologie

Design ist in vielerlei Hinsicht eine Profession, die sowohl positiv auf den Umgang mit der Umwelt einwirken als auch in großem Maße an ihrer Zerstörung beteiligt sein kann. Zum einen ist Design eng mit der Industrie verbunden, beeinflusst Produktionsverfahren und entscheidet über die zu verwendenden Materialien, die beispielsweise zu einem steigenden Ausstoß von FCKW und anderen giftigen Substanzen führen können. Zum anderen ist Design auch maßgeblicher Faktor für ein Konsumverhalten in der Welt, das die natürlichen Ressourcen auslaugt und für ein wachsendes Entsorgungsproblem sorgt.

Für ein ökologisch verantwortungsvolles Design müssen mehrere Aspekte beachtet und folgende Fragen gestellt werden:

»Welche Stoffe werden zur Produktion eines Gutes verwendet und welche Verfahren durchgeführt? Welche Menge Natur wird für einen bestimmten Nutzen verbraucht, wie viel Energie dafür aufgewendet? Wie viel Naturmasse bewegt? Wie lang ist die Lebensdauer eines Produktes und wie lässt es sich entsorgen?« [63]

Victor Papanek unterteilt die ökologische Einflussnahme von Design in seinem 1995 erschienenen Buch »The Green Imperative« in sechs Abschnitte:

1. Materialwahl
2. Herstellungsprozess
3. Verpackung
4. Produkt
5. Transport
6. Entsorgung

Alle diese Aspekte sind Teil eines Produktes und müssen beim Designprozess berücksichtigt werden. [64]

Green Design

Einige Designer sind sich ihrer Verantwortung für die Umwelt bewusst geworden. Sie haben erkannt, dass ökologische Expertise für ein verantwortungsvolles Design einen zentralen Faktor darstellt und dass es zu den Fähigkeiten von Designern gehören sollte, ökologische Produktionsverfahren und einen bewussten Umgang mit Ressourcen zu entwickeln. So entstanden in den 80er Jahren Begriffe wie »Green Design« und »Eco-Design«, die für ökologisch verantwortungsvolles Design stehen. »Green Designer« haben Strategien wie »Design for Disassembly« oder »Sustainability Design« entwickelt.

»Design for Disassembly«

Der Ausdruck »Design for Disassembly« bedeutet »Design zum Auseinanderbauen« und beinhaltet die Gestaltung von Produkten, deren einzelne Teile und Materialien auf einfache Weise voneinander getrennt werden können, um sie effizienter wieder verwenden oder recyceln zu können. Diese Absicht wird von Anfang an in den Designprozess miteinbezogen. Diese Vorgehensweise wird vor allem in der Autoindustrie eingesetzt.[65]

In Verbindung mit funktionalistischen Prinzipien wie Typisierung und der Anwendung eines Baukastenprinzips à la Ulm ergeben sich aus einem »Design for Disassembly« auch effizientere Produktionsmöglichkeiten für die Industrie.

»Sustainability Design«

Nachhaltiges Design hat den Anspruch, Produkte so zu gestalten, dass sie erstens lange halten und funktionieren und zweitens einfach zu reparieren sind, ohne dass dabei zu viele oder zu große Teile ausgetauscht werden müssen. Damit werden auch Prinzipien des »Design for Disassembly« wieder aufgegriffen. »Sustainability Design« steht im Gegensatz zum Konsumkapitalismus, für dessen »Funktionieren« ein geplantes »Nichtmehrfunktionieren« von Produkten nötig ist, um den ständigen Konsum in Gang zu halten.

Ökologisches Design ist also oft auch kontrakapitalistisch oder konsumkapitalismuskritisch.

Material World

Eine besondere Verantwortung der Designer liegt in der Wahl der zu verwendenden Materialien.

Am Beispiel des Materials Papier möchte ich die ökologische Tragweite der Materialwahl näher erläutern, da der Designer gerade bei der richtigen Papierwahl ökologische Verantwortung zeigen kann.

Laut der amerikanischen Umweltschutzorganisation EPA (Environmental Protection Agency) bestehen 41 Prozent des amerikanischen Abfalls aus Papier und Kartonagen, wovon 80 Prozent in Amerika nicht recycled werden, sondern auf Mülldeponien landen.[66]

Laut Greenpeace Deutschland liegt der Pro-Kopf-Verbrauch von Papier in Deutschland jährlich bei 234 Kilogramm.[67] 1990 wurden in Deutschland 14,6 Millionen Tonnen Papier verbraucht,[68] 2003 waren es bereits 18,5 Millionen Tonnen.[69] Deutschland gehört damit zu den drei größten Papierkonsumenten der Welt. Der hohe Wasser- und Energieverbrauch, die Luft- und Wasserverschmutzung und vor allem die Abholzung der Wälder sowie irreparable Schäden in den Urwäldern sind die größten ökologischen Probleme, die sich aus der Frischpapierproduktion ergeben. Bei der Produktion von Recyclingpapier aus Altpapier wird nur die Hälfte an Energie und Wasser verbraucht und weniger Wald abgeholzt, da nur maximal zehn Prozent der verwendeten Fasern von Frischholz stammen. Recyclingpapier kann in nahezu allen Sorten und Farben zum Einsatz kommen. Das alte Gerücht, Recyclingpapier sei immer grau, ist längst überholt.[70]

92 Prozent aller Kartonagen werden in Deutschland aus Altpapier hergestellt. Damit ist die technische Höchstgrenze bereits erreicht. In anderen Bereichen, vor allem im grafischen Bereich, sind jedoch noch immense Steigerungen möglich.[71]

Eine Untersuchung des Umweltbundesamtes über grafische Papiere ist zu folgendem Schluss gekommen:

»Es ist wesentlich umweltverträglicher, grafische Papiere aus Altpapier herzustellen, als dafür frische Fasern aus dem Rohstoff Holz zu benutzen. Am Beispiel gestrichener Zeitschriftenpapiere [...] fällt der Vergleich zwischen altpapierhaltigem und ausschließlich auf Holz basierenden [...] Papieren eindeutig zu Gunsten des altpapierhaltigen Produktes aus. [...] Es ist wesentlich umweltverträglicher, Altpapier wieder zu recyceln und daraus neues Papier herzustellen, als Altpapier zu verbrennen, um daraus Energie zu gewinnen. Altpapier auf Abfalldeponien zu beseitigen, ist aus Umweltschutzsicht die schlechteste Lösung.«[72]

Nicht jedes sogenannte Recyclingpapier ist auch wirklich umweltfreundlich. Der Begriff wird für viele unterschiedliche Papiersorten verwendet und manche davon bestehen nur zu einem sehr geringen Anteil aus Altpapier oder verwenden umweltschädliche Techniken bei der Produktion. In Deutschland wird wirklich umweltfreundliches Papier mit dem »Blauen Umweltengel« gekennzeichnet.

Designer müssen sich also auch hier genau informieren, denn der qualifizierte und verantwortliche Umgang mit Materialien zeichnet einen professionellen Designer aus. Das am Beispiel Papier ausgeführte Szenario lässt sich auf jedes Material, jeden Produktionsprozess und jeden weiteren Abschnitt des ökologischen Einwirkens von Design anwenden. Daher ist es unumgänglich, dass sich der Designer dieser Zusammenhänge bewusst wird und die nötigen Recherchen anstellt.

HORIZONT
ERWEITER
GEWERBE

AL
TES

Design – aber für wen?

Design wird häufig lediglich profitorientiert betrachtet und der Designprozess innerhalb ökonomischer Grenzen und Regeln durchgeführt. Natürlich ist dies notwendig, um innerhalb eines kapitalistischen Marktes Design profitabel betreiben zu können.

Von Seiten der Industrie wird oft behauptet, dass im Konsumkapitalismus der Konsument die Macht über die Produkte besitze und der Kunde König sei. In der Realität ist es jedoch häufig so, dass die Macht bei der Industrie liegt und diese die Kontrolle über die Ressourcen besitzt. Auch das Design wird oft von Seiten der Industrie bestimmt und Produkte nur dann gestaltet, wenn es eine profitable Produktionsweise und eine kaufkräftige Zielgruppe dafür gibt.[73]

Unter ökonomischen Gesichtspunkten geht es im konsumorientierten Design also eher um die Schaffung eines möglichst hohen Tauschwertes und nicht um einen möglichst hohen Nutzwert, geschweige denn um eine sozial verantwortliche oder umweltfreundliche Wertigkeit.

Für kritische Designer liegt der Reiz ihrer Arbeit jedoch nicht im Gestalten einer erzeugten Nachfrage für eine nach Profitaspekten auserwählte »Masse«. Sie fragen stattdessen nach dem Sinn im Gestalten von trivialen, stylishen Konsumgütern für eine im Überfluss lebende Minderheit, wenn die Mehrheit der Menschheit unter dem Existenzminimum lebt.

Einige Designer suchen, unabhängig von Profitgedanken, in designvernachlässigten und vom Konsumkapitalismus weniger eingenommenen Bereichen nach Gestaltungsspielräumen. Sie wollen diese ausfüllen und dabei soziale und ökologische Belange berücksichtigen.[74]

Solche Bereiche können eine Art der Horizonterweiterung für Designer darstellen.

Neue Gefilde

Victor Papanek spricht schon 1972 von neuen Gefilden, in die sich Design seiner Meinung nach vorwagen sollte. Er zählt sechs verschiedene Bereiche auf, die für Designer interessant sein könnten, da sich dort viele neue Schaffensbereiche auftun und Design dringend benötigt wird. Zu diesen sechs Bereichen, die Papanek aufzählt gehören:

**1. Design für die Dritte Welt.
Da etwa 3 Milliarden Menschen die nötigsten Werkzeuge und Produkte verwehrt bleiben, bedarf es spezieller, an die Gegebenheiten angepasster, Produkte.**

2. Design für behinderte Menschen wie Lehrmittel, therapeutisches Spielzeug, Trainingsgeräte und Dinge des täglichen Lebens.

3. Design für den Medizin- und Pflegebereich wie Operationstische und Werkzeuge oder Notfallausrüstung.

4. Design für experimentelle Forschung wie Laborausstattung und technische Geräte.

5. Design für das Überleben von Menschen unter Grenzbedingungen wie Ausstattungen von Forschungsstationen in der Arktis oder Weltraumstationen sowie für Unterwasserarbeiten.

**6. Design für revolutionäre Konzepte.
Papanek fordert Designer auf, für neue, revolutionäre Ideen und Konzepte zu gestalten und nicht längst überholte Produkte lediglich neu aussehen zu lassen."**[75]

Die Notwendigkeit neuer Tätigkeitsfelder für Designer begründet Papanek wie folgt:

»Das [bisherige] Verhalten der Designzunft ist, als würden alle Ärzte nur noch plastische und kosmetische Chirurgie [...] betreiben und alle anderen Bereiche der Medizin sein lassen.« [Übers. d. Verf.][76]

Papaneks Sechs-Punkte-Plan lässt sich aus heutiger Sicht noch durch weitere Aspekte ergänzen, wie beispielsweise durch Design für alte Menschen, Design gegen Gewalt und Verbrechen oder Design für Bildung und gesellschaftliche Aufklärung.

Auch wenn einige von Papaneks Punkten für den »normalen« Designer vielleicht weit hergeholt oder utopisch wirken, kann Papaneks Liste zumindest dazu dienen, sich darüber klar zu werden, dass es ein Verlangen nach Design auch in Bereichen außerhalb unserer vertrauten Konsumgüterwelt gibt, die interessant und befriedigend sein können.

Um solche Bereiche als Designer wirklich verantwortungsvoll angehen zu können, ist es notwendig, sich ein großes Wissen über den jeweiligen Bereich anzueignen und interdisziplinär mit Spezialisten, aber auch mit der Zielgruppe zusammenzuarbeiten.[77]

Am Beispiel von zwei der von Papanek genannten Bereiche möchte ich einige Aspekte aufzeigen, auf die man als Designer achten sollte.

Beispiele

Design für behinderte und alte Menschen

Beim Gestalten von Produkten, die den Bedürfnissen von alten oder behinderten Menschen entsprechen sollen, ist es wichtig, als Designer mit eben jenen eng zusammenzuarbeiten und seine Ideen immer wieder von den Nutzern testen und hinterfragen zu lassen. Zusätzlich sollte man gerade bei therapeutischen Produkten mit Medizinern, Physio- und Ergotherapeuten kooperieren und die Erkenntnisse solcher Wissenschaften in das Design integrieren.

Es gibt viele Dinge, die von Designern gestaltet werden können, um das tägliche Leben von alten oder behinderten Menschen einfacher zu machen. Dazu gehören speziell angefertigte Objekte wie therapeutisches Spielzeug, Kinderbücher, Küchenutensilien, Websites für sehbehinderte Menschen, Gehhilfen, Kleidung oder Trainingsgeräte. Die Möglichkeiten sind vielfältig und bei weitem noch nicht ausgeschöpft.

Obwohl in diesen Bereichen viele Probleme durch intelligentes Design gelöst werden und Benachteiligten dadurch eine höhere Lebensqualität ermöglicht wird, findet sich dieser Aspekt von Design nicht auf der Agenda der Designwelt.[78]

Design für die Dritte Welt

Wenn ein verantwortungsvoller Designer ein Produkt für die Dritte Welt gestaltet, so muss er darauf achten, dass dort nicht dieselben ökologischen und sozialen Fehler begangen werden wie in den westlichen Wohlstandsgesellschaften, die für den Großteil der industriellen Umweltverschmutzung verantwortlich sind.

Gleichzeitig haben natürlich auch die Menschen in der Dritten Welt das Recht, selbst zu entscheiden, was gut für sie ist.

Produktion und Design für die Dritte Welt darf nicht bedeuten, günstigere und umweltschädlichere Produkte zu verkaufen und zu verwenden oder dort unter Bedingungen zu produzieren, die in Wohlstandsgesellschaften keine Akzeptanz mehr haben. Darüber hinaus muss sich der Designer bewusst machen, dass der Konsumkapitalismus der westlichen Welt in die meisten Drittweltländer bereits exportiert wurde und dort großen Einfluss auf das Konsumverhalten eines kleinen, wohlhabenden Teils der Bevölkerung hat. Der Großteil der Bevölkerung hingegen besitzt nicht einmal die nötigsten Dinge zum Leben und braucht dafür ein Design, das sich auf die Erfüllung von Überlebensbedürfnissen konzentriert und nicht lediglich Luxusgüter hervorbringt. Design nimmt an beidem Teil und kann für beides ein Motor sein. Auch wenn ein Designer für die nötigsten Bedürfnisse der Menschen gestaltet, muss er vor allem darauf achten, dass sich seine Produkte und Produktionsweisen an die Kultur und die Traditionen der jeweiligen Gesellschaft anpassen. Die hierfür erforderliche kulturelle Expertise bekommt er nur durch einen längeren Aufenthalt und dem engen Kontakt zu den Menschen in dem jeweiligen Land.[79]

Victor Papanek schlägt eine Art Designentwicklungshilfe vor, indem der Designer in dem jeweiligen Land selbst einheimische Designer ausbildet. Diese kennen sich gut mit der Kultur, der Tradition und Identität des jeweiligen Landes aus und ermöglichen somit ein adäquates Design.[80]

Design für die Dritte Welt hat viele mögliche Einsatzbereiche – zum Beispiel Unterkünfte, Wasserpumpen und Wasseraufbereitungssysteme, AIDS-Aufklärungsmaterial, Transportgeräte, Produktionsgeräte, Minen-Warnsysteme, Recyclingmethoden und medizinische Versorgung.

Die Möglichkeiten sind bei weitem noch nicht ausgeschöpft. Design kann für das Lösen von Problemen in der Dritten Welt ein wichtiger Faktor sein.

Das größte Hindernis beim Design für Minderheiten oder für die Dritte Welt ist der Mangel an Investitionskapital. Oft gibt es sehr gute Produkte, die behinderten und alten Menschen oder Menschen in der Dritten Welt eine große Hilfe sein könnten, die aber aufgrund eines Mangels an Investitionskapital nicht oder nur zu teuer produziert werden können. Um für Minderheiten oder für die Dritte Welt gestalten zu können, bedarf es also nicht nur eines Umdenkens auf Seiten der Designer, sondern auch auf Seiten der Investoren, der Banken, der Wirtschaft und der Industrie.[81]

←
Playpump / Wasserpumpsystem / 1999
Playpump ist ein Wasserpumpsystem der Firma PlayPumps International, das eine Wasserpumpe mit einem Kinderkarussell verbindet. Wenn Kinder mit dem Karussell spielen, wird die Drehbewegung zum Heraufpumpen von sauberem Grundwasser verwendet. Neben dem Karussell befindet sich ein Informationsturm, auf dem Informationsplakate zu unterschiedlichen sozialen Themen angebracht werden können. Das System kommt vor allem in Südafrika zum Einsatz.[G]

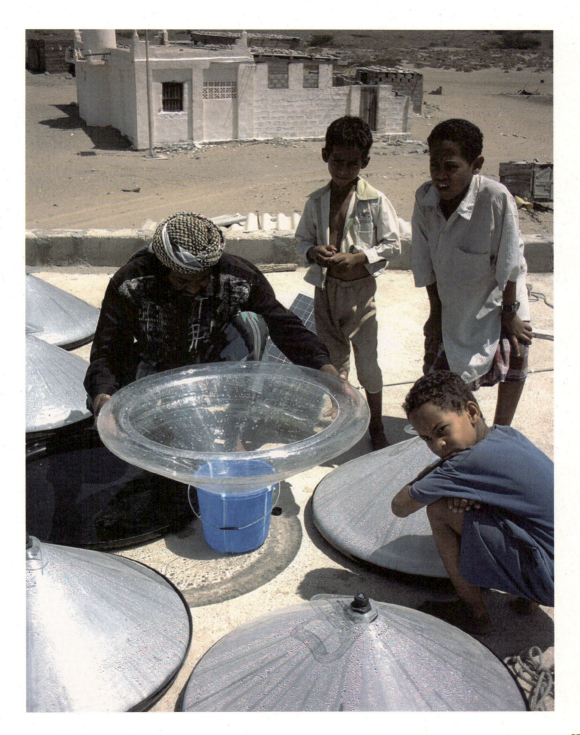

Watercone / Stephan Augustin / 2003
Watercone ist ein Wasseraufbereitungssystem, das verschmuztes Wasser, Meerwasser oder Brackwasser durch Kondensation in sauberes Trinkwasser verwandelt. Das Design stammt von dem Produktdesigner Stephan Augustin. Das Foto zeigt den Watercone in Anwendung im Jemen.[H]

←
Watercone / Usermanual / 2005
Die Bedienungsanleitung für den Watercone soll von möglichst vielen Menschen verstanden werden und benutzt daher zusätzlich zur Schrift Illustrationen, die möglichst kulturübergreifend verstanden werden sollen. So wird zum Beispiel ein Hahn als universelle Größeneinheit abgebildet.[1]

← **UN Paper Shelters / Shigeru Ban / 1998**
Das Paper Emergency Shelter ist ein Zeltsystem, das von dem japanischen Architekten Shigeru Ban für die UNHCR für den Einsatz in Ruanda entwickelt wurde, wo während des Bürgerkrieges mehr als 2 Millionen Menschen ohne Behausung waren. Von der UNHCR wurden für Flüchtlinge normalerweise Aluminiumstangen und Plastikplanen zur Verfügung gestellt, doch in Ruanda führte dies dazu, dass das wertvolle Aluminium von den Flüchtlingen verkauft wurde und stattdessen die wenigen vorhandenen Bäume für die Zelte gefällt wurden. Durch den Einsatz von Papprohren werden solche Probleme gelöst. Die Paper Shelters sind eine kostengünstige Alternative zu Zelten mit Aluminiumstangen und die Papprohre können vor Ort produziert werden.[1]

← **UN Paper Shelters / Shigeru Ban / 1998**

Pallet House / I-Beam / 1999
Das Pallet House Projekt von I-Beam Design aus New York beschäftigt sich mit der Konstruktion von Notunterkünften für Krisengebiete, die aus Holzpaletten konstruiert werden. Holzpaletten stellen einen wiederverwendbaren, universellen, nachhaltigen und einfach zu verbauenden Baustoff dar, der in Krisengebieten durch die Anlieferung von Hilfsgütern in großen Mengen vorhanden ist. Durch diesen Doppelnutzen der Paletten bleiben die Kosten sehr gering. Das Pallet House System kam im Kosovo für die heimkehrenden Flüchtlinge zum Einsatz.ᴷ

Pallet House / I-Beam / 1999

←

SPLICE / Roke Manor Research Ltd.
Alle 20 Minuten wird auf der Welt ein Mensch von einer Landmine getötet oder schwer verletzt. Die meisten Landminen liegen in Ländern der Dritten Welt im Erdreich verborgen und ihre Entfernung kostet bis zu 1000 US-Dollar pro Mine. Ein Grund für die hohen Kosten der Minenentfernung sind die teuren Aufspürgeräte, ihre Wartung und die Tatsache, dass die Geräte meistens batteriebetrieben sind. Um diese Probleme zu lösen, hat Roke Manor Research Ltd. 1999 das SPLICE System (Self Powered Locator and Identifier for Concealed Equipment) entwickelt. Die Energie für das Gerät wird durch die Hinundherbewegung des Gerätes erzeugt, die der Minensucher beim Suchen durchführt. SPLICE braucht also keine Batterien, ist extrem kostengünstig in der Produktion und einfach von jedem anzuwenden. Vergleichstests haben ergeben, dass SPLICE durch seine revolutionäre Technik noch effizienter Minen aufspürt als die meisten anderen Minensuchgeräte.[L]

←
Hippo Water Roller / Hipporoller / 1994
Der Hipporoller ist ein Wassertransportsystem, das vor allem in Afrika zum Einsatz kommt. In vielen Gegenden in Afrika müssen sich vor allem Frauen und Kinder täglich auf stundenlange Fußmärsche begeben, um zur nächsten Frischwasserquelle zu gelangen. Auf dem Heimweg wird das Wasser dann in Plastiktonnen meist auf dem Kopf getragen. Der Hipporoller verbindet eine stabile Plastiktonne mit einer Karre und macht den Wassertransport somit viel einfacher.[M]

←
Hippo Water Roller / Hipporoller / 1994

←
One Laptop Per Child / OLPC / 2005
»One Laptop Per Child« ist ein von Nicholas Negroponte initiiertes Projekt, das zum Ziel hat, einen stabilen, günstigen und energieunabhängigen Laptop für Kinder, vor allem in Ländern der Dritten Welt, zu produzieren, um ihnen ein digitales Lernmittel zur Verfügung zu stellen. Die Abbildungen zeigen eine Designstudie von Design Continuum. Der Laptop hat einen Produktionspreis von unter 100 US-Dollar und lässt sich über eine Handkurbel mit Energie versorgen.[N]

←
One Laptop Per Child / OLPC / 2005

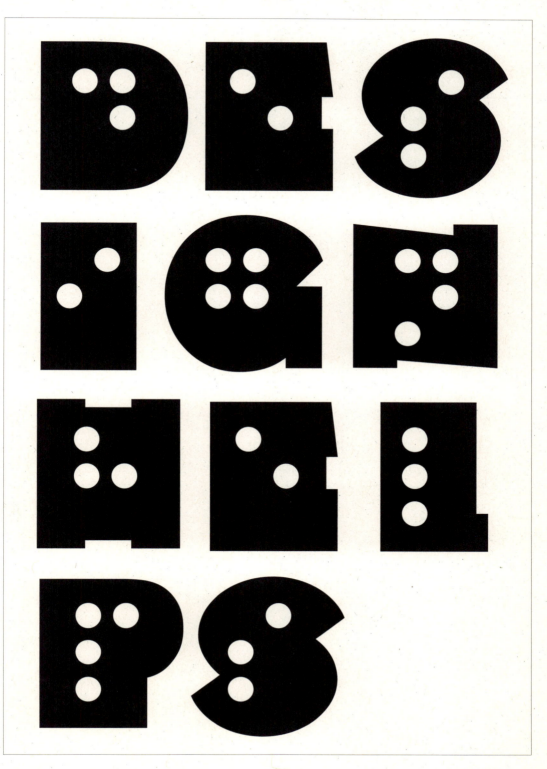

←
Amphibia / Schriftentwurf / 2006
Die »Amphibia« ist eine Schrift, die für Prägungen gedacht ist, die von blinden und sehenden Menschen gelesen werden können.°

TAKE IT TO THE STREETS VER ANT WORT UNG

Politik und Design

Betrachtet man Design unter dem Aspekt von Verantwortung, dann sind Politik und Gestaltung zwei Dinge, die immer wieder aufeinander stoßen. In der Tat ist verantwortungsvolles Design oft nur dann möglich, wenn sich der Designer mit den Mechanismen der Politik auseinander setzt. Die politischen Aspekte vieler Designideologien stellen dies, wie in Kapitel 2 geschildert, deutlich unter Beweis.

Design ist ein in sozialer Hinsicht äußerst einflussreiches Instrument, das in seinem Wirken oft politische Dimensionen annimmt. Nigel Whitely stellt in seinem Buch »Design for Society« die Frage:

»Wenn Design die Werte einer Gesellschaft widerspiegelt, ist dann die Ausübung von [verantwortungsvollem] Design ohne [direkt] politisch aktiv zu sein nicht als ob man das Pferd von hinten aufzäumt?« [Übers. d. Verf.][82]

Dies ist eine berechtigte Frage, denn um verantwortungsvolle Werte in die Schaffung von Design einzubeziehen, muss es in einer Gesellschaft auch einen Raum für solche Werte geben. Und es ist zum Großteil Aufgabe der Politik, diese Räume sicherzustellen. Doch auch Design an sich hat eine politische Verantwortung.

Besonders deutlich zeigt sich dies vor allem im Bereich des Grafikdesigns.

Macht und Design

»In der Möglichkeit, Informationen zu produzieren und zu verteilen, liegt ein entscheidendes [politisches] Machtpotential, das in verschiedenster Weise, bewusst oder unbewusst, genutzt wird. Dabei sind GrafikerInnen nicht immer am Ursprung dieser Prozesse [beteiligt], da sie nicht immer in der sinngebenden, oft aber in der sinnillustrierenden Funktion [tätig] sind. In ihrer Funktion als GrafikerInnen fungieren sie innerhalb des Sender-Empfänger-Paares immer auf der Seite des Senders, woraus ihr Privileg und ihre spezifische Verantwortung erwächst.«[83]

Das Kommunikationsverhältnis von Sender und Empfänger existiert nach Vilém Flusser auf zwei verschiedene Arten: Zum einen gibt es die diskursive Kommunikation, die eine einseitige Verteilung der Information beschreibt und in der der Sender immer Sender und der Empfänger stets Empfänger bleibt. Zum anderen gibt es die dialogische Kommunikation, die den wechselseitigen Austausch von Information beschreibt und in der der Sender immer auch Empfänger ist und andersherum.[84]

Grafikdesign wird in den meisten Medien als Teil einer diskursiven Kommunikation angewandt, und da diese ein Einwirken oder Antworten des Empfängers nicht möglich macht, ist die Verantwortung für die gesendete Information oder Botschaft umso größer.

Kommunikationsstrategien

Einige Grafikdesigner fühlen sich in ihrer Position, ein Sender von häufig fremden Botschaften zu sein, nicht wohl und versuchen auf unterschiedliche Art und Weise, die Einseitigkeit ihrer Kommunikation zu vermindern.

Die dialogische Kommunikation vor den diskursiven Kommunikationsprozess zu stellen und damit den Dialog mit dem Empfänger in die Gestaltung beziehungsweise in die Botschaft zu integrieren ist eine der Strategien, mit denen versucht wird, dies zu erreichen. Das bedeutet, dass vor dem Gestaltungsprozess ein intensiver Austausch mit dem Empfänger respektive den Empfängern steht.

Eine andere Strategie setzt bewusst durch diskursive Kommunikation einen Dialog innerhalb der Gesellschaft in Gang. Wild geklebte Plakate zu politischen und sozialen Themen zeigen diesen Ansatz in aller Deutlichkeit.

Politisches Grafikdesign

Politische Plakate stehen in einer langen Tradition des Grafikdesigns und haben vor allem in Frankreich, wo politische und soziale Plakate seit der Französischen Revolution bis hin zu der 68er-Bewegung und der daraus hervorgegangenen »Gruppe Grapus« einen prägenden Eindruck hinterlassen haben, noch heute Einfluss auf das aktuelle Grafikdesign.[85]

Politisches oder soziales Grafikdesign existiert meist in Form von Plakaten und stützt sich auf die Macht der Bilder. Es zeichnet sich häufig durch mehrere Attribute aus und ist schockierend, clever, lustig und seine Bedeutung ist sofort erkennbar. Sein energisches Moment gewinnt es aus seiner meist illegalen Applikation im öffentlichen Raum. Oft spricht es Dinge an, die so nicht laut ausgesprochen werden können, aber trotzdem vielen bewusst sind, und tut dies häufig ohne viele Worte. Politisches oder soziales Grafikdesign hält sich häufig nicht an gesellschaftliche Konventionen und verwendet oft eine sehr direkte und häufig nicht dem »guten Ton« entsprechende Wortwahl und Bildsprache. Doch genau dadurch wird es auch so stark – es ist direkt und versteckt nichts hinter Floskeln und Konventionen. Diese Art von Grafikdesign spricht eine Wahrheit aus, die unter der Oberfläche liegt und möglicherweise offiziell nicht geduldet wird.

Darin liegt auch die Macht dieser Bilder. Sie sprechen Menschen mit Dingen an, die ihnen vertraut sind und versuchen etwas scheinbar Unmögliches zu erzwingen.

In der Geschichte der politischen Revolutionen ist ein Streben nach dem Unmöglichen oft von ebensolchen Grafiken und Bildern in Gang gesetzt worden. Das führte nicht immer zu einem positiven Ergebnis, denn man darf nicht vergessen, dass die Macht der Bilder in Form von politischer Propaganda häufig zur Unterdrückung von Menschen und zu Verbrechen an der Menschheit geführt hat.[86]

Dennoch ist die Macht des politischen und sozialen Grafikdesigns ein faszinierendes Phänomen, das richtig eingesetzt einen starken und gesunden Einfluss auf eine Gesellschaft nehmen kann. Gerade in Zeiten, in denen die Kontrolle über Bilder, Ideen und Symbole häufig bei wenigen Großkonzernen liegt[87], ist es ein Mittel zur teilweisen Demokratisierung der Informationskanäle.

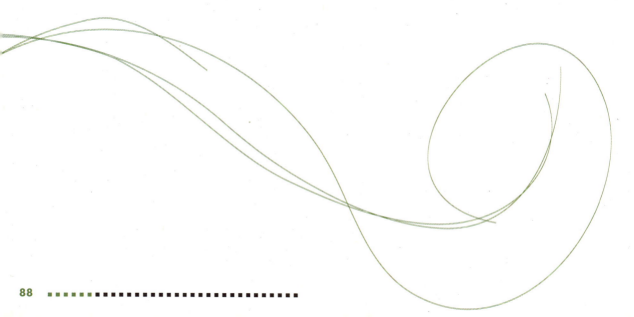

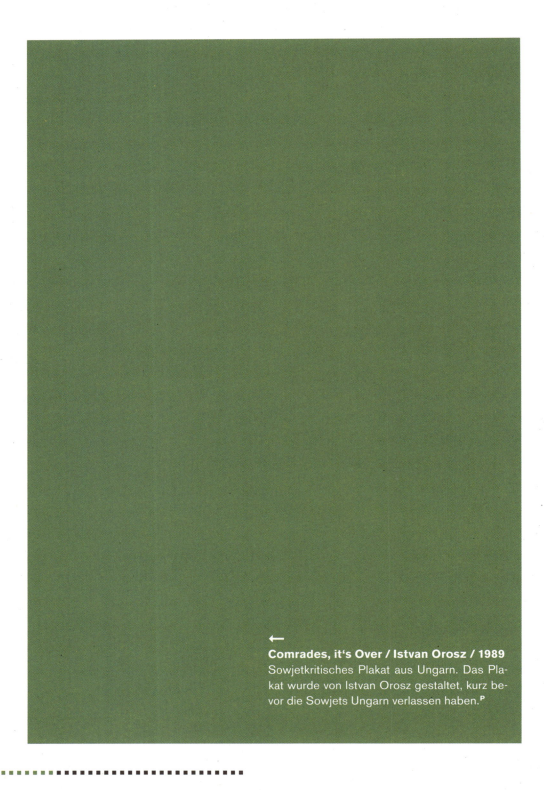

←
Comrades, it's Over / Istvan Orosz / 1989
Sowjetkritisches Plakat aus Ungarn. Das Plakat wurde von Istvan Orosz gestaltet, kurz bevor die Sowjets Ungarn verlassen haben.^P

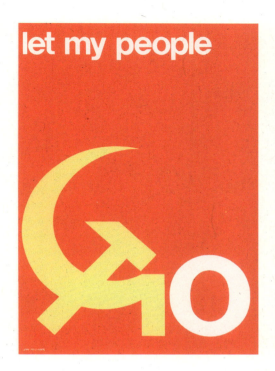
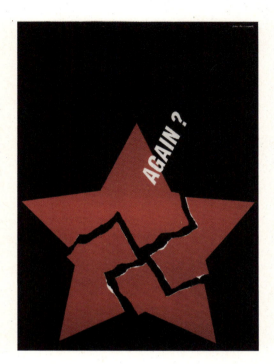
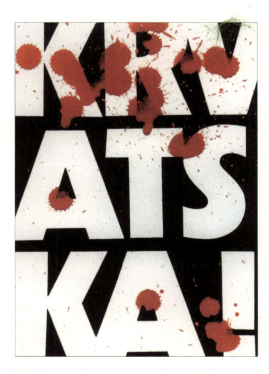

← **Again? / Dan Reisinger / 1993**
Das Plakat wurde 1993 von dem Israeli Dan Reisinger als Reaktion auf den aufflammenden Antisemitismus in den ehemaligen Sowjetrepubliken gestaltet.[Q]

← **Let My Peple Go / Dan Reisinger / 1969**
Dan Reisinger gestaltete das Plakat 1969 als Reaktion auf die Sowjetpolitik, die den Juden die Immigration verweigerte.[R]

← **Krvatska! / Boris Ljubicic / O.J.**
Das Plakat spielt mit dem Wort Hrvatska (Kroatien). Durch den Austausch von H durch K entsteht das Wort Krv, kroatisch für Blut. Das Plakat sollte die Welt auf die Zustände in Kroatien während des Krieges aufmerksam machen.[S]

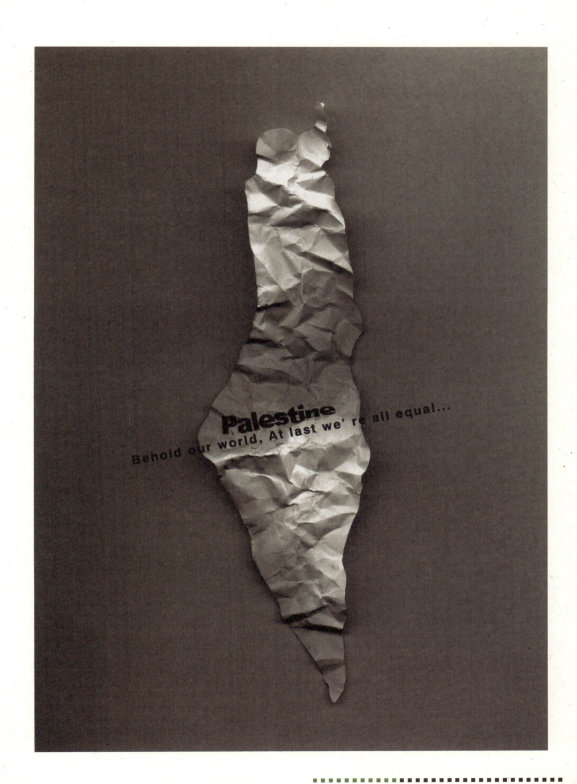

←
Palestine / Pedram Harby / 2004
Das Plakat zeigt eine zerknitterte Karte, die die Fragilität Palästinas im Nahostkonflikt darstellen soll. Durch die Subline wird die schwierige Position der Palästinenser betont.[T]

←
Death Flag / Adrienne Burk / 2003
Das Plakat zeigt die US-amerikanische Flagge, gemalt mit Blut und Öl. Es stellt die Frage nach dem Weg Amerikas.ᵁ

WHAT IS IT GOOD FOR?

PLEASE DOWNLOAD THIS POSTER FREE AT WWW.ANOTHERPOSTERFORPEACE.COM   DESIGN: MARTY NEUMEIER

←
War / Marty Neumeier / 2004
Die Frage »What is it good for?« ist eine Zeile aus dem Song »WAR« von Edwin Starr aus dem Jahre 1970, der zur Hymne der Friedensbewegung in den USA wurde. Marty Neumeier akzentuiert auf dem Plakat die Buchstaben W A R mit blutrot gekleckster Farbe.[V]

←
Children at War / Woody Pirtle / 1999
Das Design dieses Plakates ist an das von Straßenschildern angelehnt. Das Plakat soll klar und unmissverständlich kommunizieren und universell verstanden werden. Woody Pirtle gestaltete dieses Plakat für Amnesty International.[w]

←
Stop Gun Trafficking / Woody Pirtle / 2001
Dieses Poster wurde von Woody Pirtle für Amnesty International und deren Kampagne gegen Waffenhandel gestaltet.[x]

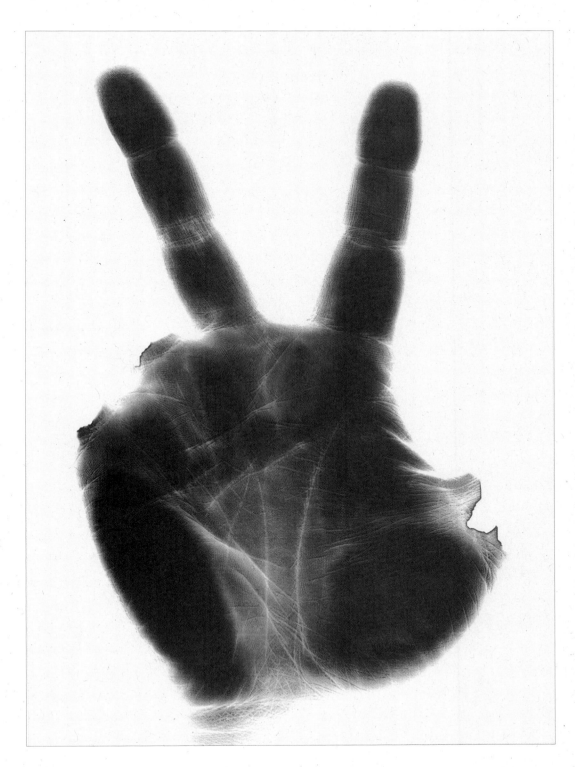

←

Victory / Fang Chen / 1994
Das Plakat zeigt das kulturübergreifende Zeichen für Sieg, den gestreckten Zeige- und Mittelfinger einer Hand, die ein »V« für Victory bilden. Die verbleibenden drei Finger sind abgetrennt. Dies soll ausdrücken, dass Sieg auch häufig mit Verlust einhergeht.ᵞ

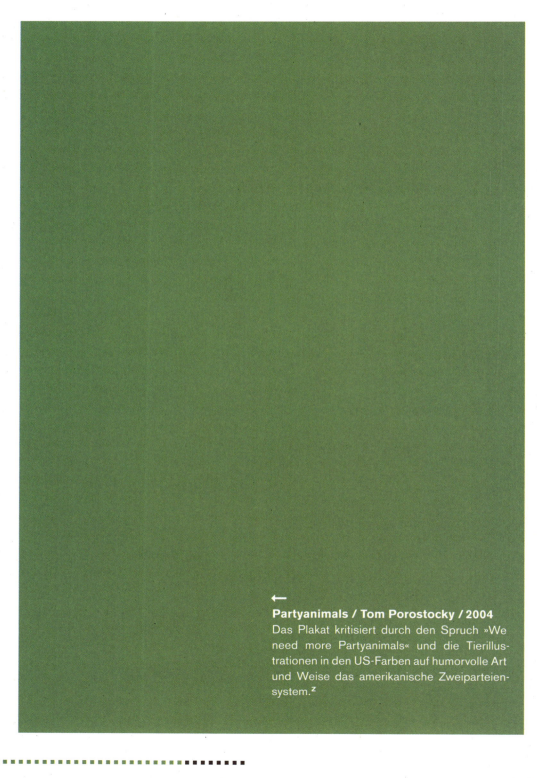

← **Partyanimals / Tom Porostocky / 2004**
Das Plakat kritisiert durch den Spruch »We need more Partyanimals« und die Tierillustrationen in den US-Farben auf humorvolle Art und Weise das amerikanische Zweiparteiensystem.[z]

← **Learn the truth about Aids / Uganda / 1993**
Was weißt du über Aids? Errate die Antworten nicht! Lerne die Wahrheit über Aids!^A1

रक्त ही जीवन है

ब्लड बैंक से खून प्राप्त करने और रोगी को खून चढ़ाने से पहले यह सुनिश्चित कर लें कि खून मलेरिया, सिफलिस (गर्मी), पीलिया और एच.आई.वी. (HIV) से मुक्त है।

रक्तदान-जीवनदान

डरना नहीं समझना होगा तभी एड्स से बचना होगा

←
Blut bedeutet Leben / Indien / 1995
Blut bedeutet Leben. Keine Angst. / Man muss verstehen, dann kann man sich vor Aids schützen.[B1]

←
Condoman / AWA / 1994
Condoman sagt: »Mach nicht schlapp, mach mit. / Benütze Kondome!« Das Plakat wurde von den Aboriginal Workers of Australia für das Australische Gesundheitsministerium gestaltet.[C1]

← **Halte dich an die Technik / AGE / 2000**
Halte dich an die Technik für sicheren Sex!
Verwende Präservative.[D1]

PLANNED PARENTHOOD GOLDEN GATE GALA 2004
REFRAMING THE ARGUMENT FOR REPRODUCTIVE CHOICE

" By refusing to look at abortion within a moral framework, we lose the millions of Americans who want to support abortion as a legal right but still condemn it as a moral iniquity. —*Naomi Wolf, Our Bodies, Our Souls*

I'MMORAL

←
I'mmoral / AddisGroup / 2004
Durch hinzufügen eines Apostrophs wird aus »Immoral«, deutsch »unmoralisch«, »I'mmoral«, deutsch »Ich bin moralisch«. Das Plakat wurde von der AddisGroup für den Verein »Planned Parenthood« gestaltet, der sich für ein freies Entscheidungsrecht von Frauen in Bezug auf Schwangerschaftsabbruch einsetzt.[E1]

DIE SUCHE NACH EINER VERANTWORTUNG

Vorbemerkung

Bevor ich meine Analysen in einem Fazit zusammenfasse, möchte ich meine persönliche Motivation für diese Arbeit erläutern. Im Laufe meines Studiums bin ich immer wieder dazu angehalten worden, meine eigene Arbeit und ihr Verhältnis zu Kultur und Gesellschaft kritisch zu hinterfragen und ein Bewusstsein für gesellschaftliche und kulturelle Prozesse zu entwickeln.

Die Arbeit eines Kommunikationsdesigners betrachte ich als eine Arbeit mit und für andere Menschen. Dieses Verständnis hat für mich stets die Frage nach meiner persönlichen Verantwortung für die Folgen meiner eigenen Gestaltungsarbeit aufgeworfen. Da ich dies als unumgänglich für jeden Designer betrachte, ist mein persönliches Interesse daran entstanden, diese Auseinandersetzung im Bereich Design sowohl historisch als auch im Hinblick auf aktuelle Ereignisse zu erforschen. Dabei sind mir zwei Kriterien wichtig: Zum einen das Soziale, das den Menschen und sein Zusammenleben betrifft, und zum anderen das Ökologische, das die Umwelt und die Rolle des Designers in ihr umfasst.

Gibt es Verantwortung im Design?

Da Designer mit Material und Mitteln arbeiten, die sozial und ökologisch sehr weitreichende Folgen haben können, denke ich, dass Designer eine verantwortungsvolle Aufgabe übernehmen. Jede Form von Macht bringt auch Verantwortung mit sich.

Die Verantwortung setzt sich aus unterschiedlichen Facetten zusammen. Da ist zum einen die Macht, Entscheidungen über Material, Prozess und Funktion zu treffen, aber auch über Information und Inhalte. Design kann mit dieser Macht verantwortungsvoll umgehen, kann aber auch lügen und verfälschen, Material verschwenderisch einsetzen, Informationen vorenthalten, Menschen manipulieren und ausschließen und bewusst menschliche und natürliche Ressourcen ausbeuten. In der Geschichte des Designs zeigt sich immer wieder, dass diese Macht und die sich daraus ergebende Verantwortung vielen Designern bewusst war und auch heute bewusst ist. Dennoch zeigt sich auch immer wieder, dass dieses Bewusstsein bei vielen Designern nicht vorhanden ist.

Woran liegt das? Meiner Ansicht nach hat sich Design in seiner Verbindung zur Industrie und zum Konsumkapitalismus im Laufe der Jahre so sehr deren Prinzipien untergeordnet, dass es für viele ein ganz normaler Zustand ist, nach genau diesen Prinzipien zu gestalten. Über soziale und ökologische Konsequenzen machen sich dabei die Verantwortlichen wenig oder keine Gedanken. Oft beginnt dies schon in der Designausbildung, die häufig gänzlich auf die Erfüllung dieser Prinzipien ausgelegt ist.

Dies trifft sicherlich nicht auf alle Einrichtungen zu und viele Designschulen versuchen mittlerweile auch wieder verantwortungsvolle und kritische Designer auszubilden. Doch auch dann macht die wirtschaftliche Realität den Designern die Ausführung eines verantwortungsvollen Designs häufig schwer.

Da Design meistens eine Dienstleistung ist, ist der Designer häufig mit folgendem Problem konfrontiert: Seine verantwortungsvolle Arbeitshaltung kann in einem extremen Gegensatz zu den Wünschen und Forderungen seines Klienten stehen.

Sicherlich ist es utopisch zu glauben, man könne als Designer auf jene Auftraggeber komplett verzichten und deren Aufträge einfach ablehnen. Vor allem in wirtschaftlich schwierigen Zeiten wäre eine solche Haltung bestimmt fern jeglicher Realisierbarkeit. Doch es ist nicht so, dass alle Unternehmer und Industrielle gänzlich verantwortungslos und ausschließlich profitorientiert handeln. Profitorientiertes Handeln kann durchaus auch sozial und ökologisch verantwortungsvoll gestaltet werden. Einen ähnlichen Verantwortungsdiskurs wie im Design gibt es auch in der Betriebswirtschaft, in der Industrie und in anderen Bereichen. Das bedeutet einerseits, dass es für den verantwortungsvollen Designer sicherlich die Möglichkeit gibt, mit »Gleichgesinnten« aus der Industrie zusammenzuarbeiten und dadurch den Diskurs über Verantwortung interdisziplinär weiterzuführen. Zum anderen gehört es zu den Aufgaben eines professionellen Designers, seine Klienten in jeglicher Hinsicht, also auch hinsichtlich sozialer und öko-

logischer Belange, verantwortungsvoll zu beraten. Dies liegt natürlich bei jedem Designer selbst, entsprechend seinem persönlichen Verständnis von Ethik und Integrität. Daher wird es auch in Zukunft immer wieder verantwortungsloses Design geben, also Design, welches ökologisch oder sozial schädliche Folgen in Kauf nimmt.

Meiner Einschätzung nach sind sich viele Designstudenten und auch Designer (inklusive mir selbst) über viele Folgen ihres Schaffens innerhalb unserer Gesellschaft und unserem globalen Ökosystem oft nicht im Klaren und unzureichend informiert. Ein Ansatz dieses Buches ist es daher, einige Tatsachen und Zusammenhänge unabhängig von Ideologien zu verdeutlichen. Es ist nicht meine Absicht, den moralischen Zeigefinger zu erheben, sondern eher Designer dazu zu ermutigen, selbst Recherchen anzustellen und ihre eigene Rolle in der Welt mit all ihren Verknüpfungen in Bezug auf soziale und ökologische Verantwortung kritisch zu hinterfragen. Einige Hinweise für eine solche Auseinandersetzung habe ich in meine Darstellung integriert. Dabei war es mir sehr wichtig, einen historischen Überblick über die Auseinandersetzung von Design mit dem Thema Verantwortung zu liefern. Denn nur dadurch gewinnt man ein Verständnis für wirtschaftliche und kulturelle Zusammenhänge und begreift die Rolle von Design in diesem Kontext. Zusätzlich sehe ich in einer historischen Auseinandersetzung ein großes Potential: Indem man aus den Fehlern der Vergangenheit lernt, lassen sich diese in der Zukunft vermeiden, und Erkenntnisse der Vergangenheit können sinnvoll in zukünftigen Projekten eingesetzt werden.

Verantwortung für etwas zu übernehmen hat immer auch mit einer moralischen Haltung zu tun. Deshalb war es mir wichtig, eine Basis für die Auseinandersetzung mit ethischen und moralischen Fragen des Designs zu integrieren. Meiner Meinung nach ist ein ethisches Begründen einer Arbeitshaltung ein wesentliches Qualitätsmerkmal von jeglicher Form von Arbeit. Ich bin davon überzeugt, dass eine Gestaltung nach ethischen und moralischen Werten für den Konsumenten erkennbar ist und auch über Konsumverhalten entscheiden kann.

Es war mir ferner wichtig, anhand von Beispielen und dem Erläutern von Prinzipien zu zeigen, welche Möglichkeiten es für Designer gibt, sozial und ökologisch sinnvoll zu arbeiten. Mir ist natürlich bewusst, dass es nicht einfach ist, als Designer nur nach diesem Prinzip zu arbeiten und damit seinen Lebensunterhalt zu bestreiten. Dennoch denke ich, dass sich diese Haltung auch mit einem finanziellen Erfolg vereinbaren lässt und dabei sozial und ökologisch verantwortungsvoll bleibt.

Viel hängt einfach nur von Wissen und ein wenig Engagement ab. Genau das war mein Ziel – Informationen zu liefern und Mut zu machen, dieses Engagement im beruflichen Alltag zu leben.

Anhang

Gestaltungsraster

Das Grundlinienraster beginnt bei 72 pt und läuft dann in 6 pt Schritten auf 95 Grundlinien weiter. Bei Schriftgröße 9 pt mit 12 pt Zeilenabstand läuft der Text also auf jede zweite Grundlinie, bei 15 pt Schriftgröße mit 18 pt Zeilenabstand läuft der Text dann auf jede dritte Grundlinie.

Das Grundlinienraster dient zusätzlich zur horizontalen Ausrichtung von Bildern und Grafiken.

Das Gestaltungsraster ist sechsspaltig angelegt. Für den Text im Buch wurden drei Spalten für eine Textspalte in 9 pt und sechs Spalten für eine Textspalte in 15 pt zusammengenommen. Der Abstand zwischen den Textspalten beträgt 17 pt. Bei den 9 pt Textspalten ergibt sich in der Berthold Akzidenz Grotesk Regular eine Wortanzahl zwischen fünf und acht Wörtern, bei den 15 pt Textspalten in der Berthold Akzidenz Grotesk Bold liegt die Wortanzahl zwischen acht und zehn Wörtern. In beiden Fällen entsteht eine gute Lesbarkeit.

Der gesamte Text im Buch ist in einem ausgeglichenen Blocksatz gesetzt, was ein äußerst rationelles Verhältnis von Textmenge und Platzverbrauch ergibt.

Horizontal ist das Raster in drei Bereiche mit jeweils 24 pt Abstand zueinander eingeteilt. Die Horizontalen dienen als weitere Ausrichtungslinien für Texte und Grafiken. Der Seitenspiegel endet bei 599,2 pt. Die Paginierung befindet sich immer außen auf der Seite 30,5 pt über dem unteren Seitenrand auf einer Grundlinie außerhalb des Seitenspiegels. 11 Pt nach innen gibt es auf jeder Seite ein »Leitsystem« aus grünen und schwarzen Quadraten, das dem Leser zeigt, wie weit er im jeweiligen Kapitel vorangeschritten ist und wie viele Seiten noch vor ihm liegen.

Auf dieser Seite befindet sich der Leser also auf Seite drei des Kapitels »Gestaltung«. Das Kapitel hat insgesamt zwölf Seiten und neun Seiten liegen noch vor ihm.

BERTHOLD AKZIDENZ GROTESK SUPER 84 PT DESIGN HELPS

Berthold Akzidenz Grotesk Bold 15 Pt Designhelps
Aa Bb Cc Dd Ee Ff Gg Hh Ii Jj Kk Ll Mm Nn Oo Pp Qq Rr Ss Tt Uu Vv Ww Xx Yy Zz
1234567890 ! $%&/

Berthold Akzidenz Grotesk Bold 9 Pt Designhelps
Aa Bb Cc Dd Ee Ff Gg Hh Ii Jj Kk Ll Mm Nn Oo Pp Qq Rr Ss Tt Uu Vv Ww Xx Yy Zz
1234567890 ! $%&

Berthold Akzidenz Grotesk Bold 9 Pt Designhelps
Aa Bb Cc Dd Ee Ff Gg Hh Ii Jj Kk Ll Mm Nn Oo Pp Qq Rr Ss Tt Uu Vv Ww Xx Yy Zz
1234567890 ! $%&

Times New Roman PS Italic 15 Pt Designhelps
Aa Bb Cc Dd Ee Ff Gg Hh Ii Jj Kk Ll Mm Nn Oo Pp Qq Rr Ss Tt Uu Vv Ww Xx Yy Zz
1234567890 ! $%&

Times New Roman PS Italic 9 Pt Designhelps
Aa Bb Cc Dd Ee Ff Gg Hh Ii Jj Kk Ll Mm Nn Oo Pp Qq Rr Ss Tt Uu Vv Ww Xx Yy Zz
1234567890 ! $%&

Die Akzidenz Grotesk wurde 1896 von Herrmann Berthold veröffentlicht. Sie wurde als eine Auszeichnungsschrift konzipiert, da diese Art von Schrift damals beim Einsatz in den immer wichtiger werdenden Anzeigen zunehmend gefragt war. Ihr Design ist an Schriften angelehnt, welche in Deutschland von Handelsdruckern im vorigen Jahrhundert verwendet wurden. Sie gilt als Mutter aller modernen Groteskschriften und inspirierte Max Miedinger 40 Jahre später zum Zeichnen der ersten Helvetica.

Die Akzidenz Grotesk zeichnet sich durch eine gute Lesbarkeit in kleinen Schriftgrößen und im Blocksatz aus, desweiteren ist sie in den Schnitten Bold und Super sehr gut für Auszeichnungen geeignet. Ich habe sie für dieses Buch gewählt, da sie eine sehr alte Schrift ist und dennoch heute, 110 Jahre nach ihrer Veröffentlichung, immer noch wunderbar ihre Funktion erfüllt. Sie ist ein gutes Beispiel für nachhaltiges Design und passt daher sehr gut zum Thema dieses Buches.

Die Times New Roman wurde 1932 von Stanley Morison und Victor Lardent für die Londoner Zeitung »The Times of London« gezeichnet und veröffentlicht. Sie ist eine der erfolgreichsten und meistverbreiteten Schriften überhaupt und sie befindet sich heute auf nahezu jedem Computer dieser Welt.

Ich habe sie in diesem Buch im Schnitt »Italic« für das Auszeichnen von wörtlichen Zitaten in den Punktgrößen 9 und 15 pt verwendet. In ihrer Anmutung repräsentiert sie für mich wie kaum eine andere Schrift das gedruckte Wort und eignet sich daher meiner Meinung nach sehr gut, um Zitate auszuzeichnen.

Da die Times New Roman für eine Zeitung mit »dreckigem« Papier und einer hohen Textmenge entwickelt wurde, ist sie in Sachen Lesbarkeit und Rationalität eine der am stärksten optimierten Schriften. Sie ist daher ein gutes Beispiel für effizientes funktionsorientiertes Design was wiederum gut zu dem Thema des Buches passt.

Farbe / Grün
C: 70% M: 30% Y: 100% K: 0%

Für Illustrationen

Für die Auszeichnung von Textabschnitten und Überschriften sowie für die Paginierung und für Fußnoten

Für Überschriften

Bildkonzept und Illustrationen

Die Abbildungen im Buch befinden sich alle auf den rechten Buchseiten. Auf der jeweils folgenden linken Seite, also der Rückseite, befindet sich eine grüne Fläche in der exakt gleichen Größe und Position wie das jeweilige Bild auf der Seite davor. Die Fläche enthält den jeweiligen Bildtext für das Bild auf der Seite davor. Man muss also die Seite umblättern, um nähere Informationen zu einem Bild zu bekommen. Der Leser sieht zuerst nur das Bild und muss wortwörtlich dahinter schauen, um mehr über die Abbildung zu erfahren. Ein Prinzip das auch Verantwortungsvolles Handeln gelegentlich fordert. Oft muss man versuchen hinter die Dinge zu schauen, um die nötigen Informationen zu bekommen und verantwortungsvolle Entscheidungen zu treffen.

Die grüne Fläche hinter der Abbildung soll ein Durchscheinen des Textes oder der Abbildungen auf den folgenden Seiten verhindern.

Um den Abbildungen in ihren Originalformaten und Seitenverhältnissen gerecht zu werden, sind die Bilder nur an der inneren und der oberen beziehungsweise unteren Begrenzung des Seitenspiegels ausgerichtet. In der Höhe sind die Abbildungen lediglich an den Linien des Grundlinienrasters ausgerichtet.

Die Illustrationen im Buch sind alle von Hand mit einem Grafiktablett angefertigt worden. Die Linienstärke ist 0,25 pt. Die sich überschneidenden und sich häufenden grünen Linien sollen Fäden repräsentieren, die in Knäuels und Vernetzungen sinnbildlich für das komplexe Thema Verantwortung stehen sollen. Für die einzelnen Kapitel werden einzelne Fadenstränge herausgenommen, die in ihren Verläufen das jeweilige Thema abstrakt umschreiben sollen. Die Illustrationen bewegen sich frei auf der Seite und sind nicht am Raster ausgerichtet. Das soll als ein optisches Gegengewicht zur streng am Raster ausgerichteten Typografie dienen. Zusätzlich steht dieser Kontrast für das Verhältnis von Freiheit und Verantwortung.

Papier

Das im gesamten Buch verwendete Papier heißt »ResaOffset« in der Grammatur 150g/m². Es ist ein zu 100 Prozent aus Altpapier hergestelltes Recyclingpapier, das mit dem »Blauen Umweltengel« ausgezeichnet ist. Es eignet sich hervorragend für Texte, aber auch Bilder lassen sich gut darauf drucken. Ich habe bewusst ein Recyclingpapier gewählt, das in seiner Anmutung auch wiederverwertet aussieht, da ich dieses Aussehen als Gestaltungsmittel passend und interessant finde und zeigen will, dass auch auf klassischem Recyclingpapier gute Gestaltung möglich ist.

Der Umschlag ist aus geprägter zu 100 Prozent aus Altpapier hergestellter Buchbinderpappe. Durch die Prägung wird die Pappe nicht durch Farbe verunreinigt und ein erneutes wiederverwerten ist somit sehr gut möglich.

Fußnoten

1 Vgl. Wikimedia Foundation: Wikipedia. Allgemeine Erklärung der Menschenpflichten. 18.02.2006. URL: http://de.wikipedia.org/wiki/Allgemeine_Erklärung_der_Menschenpflichten

2 Interaction Council: Allgemeine Erklärung der Menschenpflichten. Deutsche Version. 1997. URL: http://www.interactioncouncil.org/udhr/declaration/de_udhr.pdf (03.04.2006)

3 Interaction Council. Allgemeine Erklärung der Menschenpflichten. Deutsche Version. 1997. URL: http://www.interactioncouncil.org/udhr/declaration/de_udhr.pdf (03.04.2006)

4 Reuter, Wolf: Wissen im Design. Stand 10.04.2005. URL: http://home.snafu.de/jonasw/PARADOXReuterD.html

5 Papanek, Victor: Design for the Real World. Human Ecology and Social Change. 2nd Ed. New York 1984, S. 3 ff.

6 Walker, John A.: Designgeschichte. Perspektiven einer wissenschaftlichen Disziplin. München 1992, S. 44.

7 Schneider, Beat: Design – Eine Einführung. Entwurf im sozialen, kulturellen und wirtschaftlichen Kontext. Basel 2005, S. 24.

8 Vgl. Papanek, Victor: Design for the Real World. Human Ecology and Social Change. 2nd Ed. New York 1984, S. 28 ff.

9 Bruce Mau Design and the Institute without Boundaries. Massive Change: What is it? O.J. URL: http://www.massivechange.com/whatisMC_05.html (13.04.2006)

10 Schneider, Beat: Design – Eine Einführung. Entwurf im sozialen, kulturellen und wirtschaftlichen Kontext. Basel 2005, S. 24.

11 Brosius, Hans-Bernd: Werbewirkungen im Fernsehen. Aktuelle Befunde der Medienforschung. München 1996, S. 12.

12 Schneider, Beat: Design – Eine Einführung. Entwurf im sozialen, kulturellen und wirtschaftlichen Kontext. Basel 2005, S. 28.

13 Vgl. Stelle, Gerd: Ideologie und Utopie des Design. Zur gesellschaftlichen Theorie der industriellen Formgebung. Köln 1973, S. 41 ff.

14 Vgl. ebd. S. 41 ff.

15 Vgl. Schneider, Beat: Design – Eine Einführung. Entwurf im sozialen, kulturellen und wirtschaftlichen Kontext. Basel 2005, S. 30 ff.

16 Vgl. ebd. S. 33 ff.

17 Vgl. Papanek, Victor: Design for the Real World. Human Ecology and Social Change. 2nd Ed. New York 1984, S. 6.

18 Vgl. Schneider, Beat: Design – Eine Einführung. Entwurf im sozialen, kulturellen und wirtschaftlichen Kontext. Basel 2005, S. 39.

19 Vgl. Papanek, Victor: Design for the Real World. Human Ecology and Social Change. 2nd Ed. New York 1984, S. 6.

20 Schneider, Beat: Design – Eine Einführung. Entwurf im sozialen, kulturellen und wirtschaftlichen Kontext. Basel 2005, S. 48.

21 Vgl. ebd. S. 52.

22 Vgl. ebd. S. 64.

23 Vgl. ebd. S. 72.

24 Vgl. Selle, Gert: Geschichte des Design in Deutschland. New York 1994, S. 157.

25 Wagenfeld, Wilhelm: Wesen und Gestalt der Dinge um uns. Reprint, Worpswede 1990, S. 80.

26 Vgl. Schneider, Beat: Design – Eine Einführung. Entwurf im sozialen, kulturellen und wirtschaftlichen Kontext. Basel 2005, S. 65–66.

27 Ebd. S. 66.

28 Schneider, Beat: Penthesilea. Die andere Kultur- und Kunstgeschichte. Bern 1999, S. 293.

29 Vgl. Schneider, Beat: Design – Eine Einführung. Entwurf im sozialen, kulturellen und wirtschaftlichen Kontext. Basel 2005, S. 84 ff.

30 Hauffe, Thomas: Design Schnellkurs. Köln 2000, S. 96.

31 Vgl. Schneider, Beat: Design – Eine Einführung. Entwurf im sozialen, kulturellen und wirtschaftlichen Kontext. Basel 2005, S. 116–117.

32 Gropius, Walter, in: Hauffe, Thomas: Design Schnellkurs. Köln 2000, S. 121.

33 Schneider, Beat: Design – Eine Einführung. Entwurf im sozialen, kulturellen und wirtschaftlichen Kontext. Basel 2005, S. 114.

34 Vgl. ebd. S. 122.

35 Hauffe, Thomas: Design Schnellkurs. Köln 2000, S. 124.

36 Vgl. Heller, Steven: To the Barricades. In: Beirut, Michael / Drenttel, William / Heller, Steven (Hrsg.): Looking Closer Four. Critical Writings on Graphic Design. New York 2002, S. 3.

37 Vgl. Packard, Vance: Die geheimen Verführer. Der Griff nach dem Unbewussten in jedermann. Berlin 1986, S. 185 ff.

38 Poynor, Rick, Vorwort zu Garland, Ken: First Things First. In: Beirut, Michael / Helfand, Jessica / Heller, Steven / Poynor, Rick: Looking Closer Three. Classic Writings on Graphic Design. New York 1999, S. 154.

39 Vgl. Heller, Steven: To the Barricades. In: Beirut, Michael / Drenttel, William / Heller, Steven (Hrsg.): Looking Closer Four. Critical Writings on Graphic Design. New York 2002, S. 3.

40 Vgl. Spencer, Herbert: The Responsibilities of the Design Profession. In: Beirut, Michael / Helfand, Jessica / Heller, Steven / Poynor, Rick (Hrsg.): Looking Closer Three. Classic Writings on Graphic Design. New York 1999, S. 156 ff.

41 Schneider, Beat: Design – Eine Einführung. Entwurf im sozialen, kulturellen und wirtschaftlichen Kontext. Basel 2005, S. 148.

42 Vgl. ebd. S. 150 ff.

43 Kösser, Uta, in: Schneider, Beat: Penthesilea. Die andere Kultur- und Kunstgeschichte. Bern 1999, S. 302.

44 Whitely, Nigel: Design For Society. London 1993, S. 1.

45 Vgl. Papanek, Victor: Design for the Real World. Human Ecology and Social Change. 2nd Ed. New York 1984, S. 68 ff.

46 Ebd. S. 63–68.

47 Editorial. Blueprint. Mai 1990, S. 9.

48 Whitely, Nigel: Design For Society. London 1993, S. 3.

49 Vgl. Heller, Steven: To the Barricades. In: Beirut, Michael / Drenttel, William / Heller, Steven (Hrsg.): Looking Closer Four. Critical Writings on Graphic Design. New York 2002, S. 3.

50 First things First Manifesto 2000. In: Ebd. S. 5 f.

51 Ebd. S. 5 f.

52 Vgl. Soar, Matt: First things First: Now more than ever. In: Ebd. S. 10 ff.

53 Vgl. Interaction Council. Allgemeine Erklärung der Menschenpflichten. Deutsche Version. 1997. URL: http://www.interactioncouncil.org/udhr/declaration/de_udhr.pdf, Stand: 03.04.2006

54 Vgl. Laudien, Karsten: Einführung in die Ethik. Grundlegende Klärungen. In URL: http://www.evfh-berlin.de/evfh-berlin/html/download/oe/mitarbeiter/haupt-laudien-karsten/Text1.pdf, Stand: 11.04.2006, S. 1 ff.

55 Eikhoff, Hajo / Teunen, Jan: Form:Ethik. Ein Brevier für Gestalter. Ludwigsburg 2005, S. 18.

56 Vgl. ebd. S. 18 f.

57 Koncelik, Joseph A.: Design, Aging, Ethics and the Law. In: Roth, Richard/ Roth, Susan King (Hrsg.): Beauty is Nowhere. Ethical issues in art and design. Amsterdam 1998, S. 147.

58 Helm, Jelly: Sustaining Beauty. In: Print, März/April 2001, S. 18.

59 Vgl. Laudien, Karsten: Einführung in die Ethik. Grundlegende Klärungen. In URL: http://www.evfh-berlin.de/evfh-berlin/html/download/oe/mitarbeiter/haupt-laudien-karsten/Text1.pdf, Stand: 11.04.2006, S. 4.

60 Vgl. Koncelik, Joseph A.: Design, Aging, Ethics and the Law. In: Roth, Richard/ Roth, Susan King (Hrsg.): Beauty is Nowhere. Ethical issues in art and design. Amsterdam 1998, S. 148.

61 Eikhoff, Hajo / Teunen, Jan: Form:Ethik. Ein Brevier für Gestalter. Ludwigsburg 2005, S. 36.

62 Vgl. Whitely, Nigel: Design For Society. London 1993, S. 48 ff.

63 Eikhoff, Hajo / Teunen, Jan: Form:Ethik. Ein Brevier für Gestalter. Ludwigsburg 2005, S. 48.

64 Vgl. Papanek, Victor: The Green Imperative. Ecology and Ethics in Design and Architecture. London 1995, S. 29 ff.

65 Vgl. ebd. S. 42.

66 Vgl. Jacobs, Karrie: Disposability, Graphic Design, Style and Waste. In: Beirut, Michael/ Drenttel, William/ Heller, Steven/ Holland, DK (Hrsg.): Looking Closer. Critical Writings on Graphic Design. New York 1994, S. 185.

67 Vgl. Greenpeace Deutschland: Papier. In URL: http://www.greenpeace.de/themen/waelder/papier/, Stand: 14.05.2006.

68 Vgl. Katalyse. Institut für angewandte Umweltforschung e.V.: Umweltlexikon-Online. Altpapier. In URL: http://www.umweltlexikon-online.de/fp/archiv/RUBwerkstoffmaterialsubstanz/Altpapier.php, Stand: 14.05.2006.

69 Vgl. Umweltbundesamt Dessau: Umweltdaten Deutschland Online. Papierverbrauch und Verwertung von Altpapier. In URL: http://www.env-it.de/umweltdaten/public/theme/print.do?nodeIdent=2314, Stand: Februar 2006.

70 Whitely, Nigel: Design For Society. London 1993, S. 80.

71 Vgl. Katalyse. Institut für angewandte Umweltforschung e.V.: Umweltlexikon-Online. Altpapier. In URL: http://www.umweltlexikon-online.de/fp/archiv/RUBwerkstoffmaterialsubstanz/Altpapier.php Stand: 14.05.2006.

72 Vgl. Umweltbundesamt Dessau: Umweltdaten Deutschland Online. Papierverbrauch und Verwertung von Altpapier. In URL: http://www.env-it.de/umweltdaten/public/theme/print.do?nodeIdent=2314, Stand: Februar 2006.

73 Vgl. Whitely, Nigel: Design For Society. London 1993, S. 113 ff.

74 Vgl. ebd. S. 99.

75 Vgl. Papanek, Victor: Design for the Real World. Human Ecology and Social Change. 2nd Ed. New York 1984, S. 234–246.

76 Ebd. S. 63–68.

77 Vgl. ebd. S. 346 f.

78 Vgl. ebd. S. 241.

79 Vgl. Whitely, Nigel: Design For Society. London 1993, S. 118 ff.

80 Vgl. Papanek, Victor: Design for the Real World. Human Ecology and Social Change. 2nd Ed. New York 1984, S. 85.

81 Vgl. Whitely, Nigel: Design For Society. London 1993, S. 112 f.

82 Ebd. S. 115.

83 Bedurke, Holger: Grafik und Politik. In: Neue Gesellschaft für Bildende Kunst (Hrsg.): politisch/soziales engagement & grafik design. Berlin 2000, S. 22.

84 Vgl. Flusser, Vilém, in: Bedurke, Holger: Grafik und Politik. In: Neue Gesellschaft für Bildende Kunst (Hrsg.): politisch/soziales engagement & grafik design. Berlin 2000, S. 20.

85 Projektgruppe »engagement & grafik«. In: Neue Gesellschaft für Bildende Kunst (Hrsg.): politisch/soziales engagement & grafik design. Berlin 2000, S. 7.

86 Vgl. Kushner, Tony: Foreword. In: Glaser, Milton / Ilic, Mirko (Hrsg.): The Design of Dissent. Massachusetts 2005, S. 221.

Quellenangaben

Bücher:

Beirut, Michael/ Drenttel, William/ Heller, Steven/ Holland, DK (Hrsg.): Looking Closer. Critical Writings on Graphic Design. New York 1994.

Beirut, Michael / Drenttel, William / Heller, Steven (Hrsg.): Looking Closer Four. Critical Writings on Graphic Design. New York 2002.

Beirut, Michael / Helfand, Jessica / Heller, Steven / Poynor, Rick (Hrsg.): Looking Closer Three. Classic Writings on Graphic Design. New York 1999.

Brosius, Hans-Bernd: Werbewirkungen im Fernsehen. Aktuelle Befunde der Medienforschung. München 1996.

Eikhoff, Hajo / Teunen, Jan: Form:Ethik. Ein Brevier für Gestalter. Ludwigsburg 2005.

Glaser, Milton / Ilic, Mirko (Hrsg.): The Design of Dissent. Massachusetts 2005.

Hauffe, Thomas: Design Schnellkurs. Köln 2000.

Neue Gesellschaft für Bildende Kunst (Hrsg.): politisch/soziales engagement & grafik design. Berlin 2000.

Packard, Vance: Die geheimen Verführer. Der Griff nach dem Unbewussten in jedermann. Berlin 1986.

Papanek, Victor: Design for the Real World. Human Ecology and Social Change. 2nd Ed., New York 1984.

Papanek, Victor: The Green Imperative. Ecology and Ethics in Design and Architecture. London 1995.

Roth, Richard / Roth, Susan King (Hrsg.): Beauty is Nowhere. Ethical issues in art and design. Amsterdam 1998.

Schneider, Beat: Design – Eine Einführung. Entwurf im sozialen, kulturellen und wirtschaftlichen Kontext. Basel 2005.

Schneider, Beat: Penthesilea. Die andere Kultur- und Kunstgeschichte. Bern 1999.

Selle, Gert: Geschichte des Design in Deutschland. New York 1994.

Selle, Gert: Ideologie und Utopie des Design. Zur gesellschaftlichen Theorie der industriellen Formgebung. Köln 1973.

Wagenfeld, Wilhelm: Wesen und Gestalt der Dinge um uns. Reprint, Worpswede 1990.

Walker, John A.: Designgeschichte. Perspektiven einer wissenschaftlichen Disziplin. München 1992.

Whitely, Nigel: Design For Society. London 1993.

Zeitschriften und Magazine:

Blueprint, Mai 1990.

Print, März/April 2001.

Digitale Quellen:

Bruce Mau Design and the Institute without Boundaries. Massive Change. O.J.
URL: http://www.massivechange.com

Greenpeace Deutschland
URL: http://www.greenpeace.de

Interaction Council: Allgemeine Erklärung der Menschenpflichten. Deutsche Version. 1997
URL: http://www.interactioncouncil.org

Katalyse. Institut für angewandte Umweltforschung e.V.
URL: http://www.umweltlexikon-online.de

Laudien, Karsten: Einführung in die Ethik. Grundlegende Klärungen
URL: http://www.evfh-berlin.de/evfh-berlin/html/download/oe/mitarbeiter/haupt-laudien-karsten/

Reuter, Wolf: Wissen im Design
URL: http://home.snafu.de/jonasw/PARADOXReuterD.html

Umweltbundesamt Dessau
URL: http://www.env-it.de/umweltdaten/

Wikimedia Foundation: Wikipedia. Allgemeine Erklärung der Menschenpflichten.
URL: http://de.wikipedia.org

Bildverweise

A Hans G. Conrad / HfG Archiv Ulm
   Köln, Deutschland

B Wolfgang Siol / HfG Archiv Ulm
   St. Paul en Forêt, Frankreich

C Herbert Lindinger / HfG Archiv Ulm
   Hannover, Deutschland

D HfG Archiv Ulm
   Ulm, Deutschland

E Wolfgang Siol / HfG Archiv Ulm
   St. Paul en Forêt, Frankreich

F Ken Garland
   London, England

G PlayPumps International
   Johannesburg, Südafrika
   www.playpumps.org

H Stephan Augustin
   München, Deutschland
   www.watercone.com

I Stephan Augustin
   München, Deutschland
   www.watercone.com

J Shigeru Ban Architects
   Tokyo, Japan
   www.shigerubanarchitects.com

K Kevin Klinger
   New York, USA
   www.i-beamdesign.com

L Roke Manor Research Ltd,
   Romsey, Hampshire, UK

M Grant Gibbs
   Fourways, Südafrika
   grant@hipporoller.org
   www.hipporoller.org

N Continuum
   Boston, USA
   www.dcontinuum.com

O Bjørn Küenzlen
   Stuttgart, Deutschland
   www.designhelps.org

P Istvan Orosz
   Ungarn

Q Dan Reisinger,
   Givatayim, Israel

R Dan Reisinger,
   Givatayim, Israel

S Boris Ljubicic
   Zagreb, Kroatien

T Pedram Harby
   Teheran, Iran

U Adrienne Burk
   Studio City, USA

V Marty Neumeier
   San Francisco, USA
   www.anotherposterforpeace.com

W Woody Pirtle
   Art Director / Designer
   New York, USA

X Woody Pirtle
   Art Director / Designer
   New York, USA

Y Fang Chen
   Normal, USA

Z Tom Porostocky
   USA

A1 Ministry of Education
   Ministry of Health
   Unicef Kampala, Uganda

B1 Staatliches Aids Zentrum
   Madhya Pradesh, Indien

C1 Aboriginal Health Workers of Australia
   Queensland, Australien

D1 AGE Design
   Ministerium für Gesundheit
   Russland

E1 John Creson, Monica Schlaug
   AddisGroup
   Berkeley, USA

Dank an

Meine Eltern // Ellen // Julio Rondo // Hannes at knopf consulting // Anne // Miriam Mez // Jens, Lena, Emma und Rasmus // Jürgen Riethmüller // Helmut Draxler // Birgit Haasen // Chris Hieber // Martina Fiess // Tina Barankay // Joachim Herter // Petra Müller // Joost Bottema // Beat Schifferli // Steffen at 75w // Tom at Ruby Soho // Marko at moamoa // Silvi und Chrissi at Apigrafica // Lisa // Anthony // Henrik // Silvan // Tina // Mobbel // Kasper Andreasen // Arne Michel // Daniel Scheiterlein // Martin und Gilles at Fauxpas Zürich // Basti Pater // Thomas Geisler at Universität für angewandte Kunst Wien // HfG Archiv Ulm // Stephan Augustin at Watercone // Shigero Ban Architects Tokyo // I-Beam Studio New York // PlayPumps International Johannesburg // Grant Gibbs at Hipporoller // Massachusats Institute of Technology // Continuum Boston // James Horne at Roke Manor Research Ltd. // Raff GmbH Riederich // Merz Akademie Stuttgart

Impressum

Designhelps – Design und Verantwortung
Bjørn Küenzlen 2006
Betreuender Dozent: Prof. Julio Rondo

Text: Bjørn Küenzlen
Textbetreuung: Prof. Julio Rondo, Dr. Jürgen Riethmüller, Prof. Dr. Helmut Draxler
Gestaltung: Bjørn Küenzlen
Gestaltungsbetreuung: Prof. Julio Rondo
Bildredaktion: Bjørn Küenzlen, Ellen Göbel
Lektorat: Martina Fiess
Produktion: Raff GmbH, Riederich

Kontakt: www.designhelps.org / bk@designhelps.org

ISBN: 978-3-937982-14-4

Unter dem Namen merz & solitude veröffentlicht die Merz Akademie, Hochschule für Gestaltung Stuttgart seit 2004 ihre Publikationen in Kooperation mit der Akademie Schloss Solitude.
Mit der Herausgabe der Reihen Reflexiv, Projektiv und Literatur bieten die Institutionen gemeinsam für Studierende, Lehrende, Stipendiaten und Gäste eine Publikationsplattform, welche den einzelnen Künsten sowie dem Dialog zwischen Theorie, künstlerischer und gestalterischer Praxis gewidmet ist.

© 2007 Merz Akademie, Hochschule für Gestaltung Stuttgart